Osman Engin

Dütschlünd, Dütschlünd übür üllüs

Mit Illustrationen von Til Mette

Dietz Verlag Berlin

Der Autor

Osman Engin wurde am 25. 9. 1960 in der Türkei geboren und lebt seit Anfang der siebziger Jahre in Bremen. Seit 1983 veröffentlicht Engin monatlich eine Satire in der Stadtillustrierten Bremer. Auch andere Zeitungen und Zeitschriften, u. a. Titanic und taz, veröffentlichten seine Satiren. Als Bücher erschienen bisher: „Deutschling", „Alle Dackel umsonst gebissen" und bei Rowohlt tomate „Der Sperrmüll-Efendi" (rororo 12916), „Alles Getürkt" (rororo 13205) und die Neuauflage von den ersten beiden Büchern (rororo 13468-3).

Der Zeichner

Til Mette, geboren 1956 in Bielefeld, studierte Kunst und Geschichtswissenschaften in Bremen. Seit Jahren sind seine Cartoons fester Bestandteil der taz, daneben werden sie im Stern, Spiegel und der Süddeutschen veröffentlicht. Als Bücher erschienen bisher: „Wie meinst du das: ‚Die Chips sind alle'" und „Komm schon! Komm schon!" beim Lappan Verlag.

Engin, Osman: Dütschlünd, Dütschlünd übür üllüs /
Osman Engin. – Berlin : Dietz Verl. GmbH 1994. –
188 S. : 15 Illustr. v. Til Mette

ISBN 3-320-01847-7

Mit 15 Illustrationen von Til Mette

© Dietz Verlag Berlin GmbH 1994
Schutzumschlagillustration: Til Mette
Gestaltung: Brigitte Bachmann
Printed in Germany
Satz: TASTOMAT GmbH, Eggersdorf
Druck und Bindearbeit:
Graphischer Großbetrieb Pößneck GmbH
Ein Mohndruck-Betrieb

An den besten DJ aller Zeiten
(wenigstens der letzten beiden Wochen):
RALPH „VON" RICHTHOFEN
und an:
MAYMUN

Inhalt

Das Glücksrad

„Und das Glücksrad dreht sich heute wieder, meine Damen und Herren! Ja, da sind wir wieder mit dem ‚Glücksrad des guten Willens'! Und wie immer winken dem Gewinner tolle, phantastische Preise, bei denen man nicht nein sagen kann. Der Hauptgewinn ist wie immer eine wundervoll leidgeprüfte Asylantenfamilie, die Sie zwei Wochen behalten dürfen. Da können Sie Ihren ganzen guten Willen zeigen und Ihr Gewissen für Jahre im voraus beruhigen!"

Ein Hampelmann von einem Animateur springt auf und macht ein Zeichen, damit wir Beifall klatschen sollen.

Alle hören auf, gelangweilt in der Nase zu bohren und schlagen die Hände aufeinander.

Ich nehme zum erstenmal an einer Game-Show als Kandidat teil. Meine Frau hat mich bei hunderten von Game-Shows als Kandidat vorgeschlagen. Und zum erstenmal wurde ich jetzt eingeladen.

„Und heute haben wir wieder zwei ganz tolle Kandidaten hier, die sich vor der Kamera um diese herrlichen Preise prügeln werden! Unser erster Kandidat kommt aus den hohen Norden Deutschlands, aus dem wunderschönen Bremen. Und da ist er auch schon, unser

Herr Osman Engin. Dieser gutaussehende junge Mann mit dem wunderhübschen Schnurrbart!"

„Müssen wir die Preise gleich hier auf der Bühne verprügeln?" frage ich schüchtern.

„Nein, nein, die sind schon genug geschlagen worden. Sie sollen doch an denen nur Ihren guten Willen zeigen."

„Aber, Sie sagten eben prügeln!"

„Ich meinte nur, Sie und Ihre Gegner sollen sich hier um den wundervollen Hauptgewinn streiten. Und da kommt er schon, unser zweiter Kandidat für heute Abend aus Regensburg in Bayern, Herr Studienrat Carlo Behrends. Meine Herren, Sie kennen die Spielregeln, ich wünsche Ihnen viel Glück und toi, toi, toi!"

Hampelmann winkt, Hände aus der Nase und heftig aufeinanderschlagen.

„Danke, danke, danke für diesen phantastischen Applaus, liebes Publikum. Ja, meine Herren, wir kommen zu der ersten Runde. Sie müssen erst mal an unserem Super-Glücksrad drehen. Die Zahl, die Sie erdrehen, wird zu Ihren richtigen Antworten addiert. Das Ganze wird mit Pi multipliziert und daraus wird die Wurzel gezogen. Einfacher geht's nun wirklich nicht!"

Auf einmal blinken tausend Lampen in allen möglichen Farben gleichzeitig. Und ein Höllenlärm tobt los. Die erste Runde fängt an.

„Frau, wenn du mich in Zukunft noch mal zu so einer blöden Game-Show hinschleppst, dann will ich wenigstens was gewinnen können. Mindestens ein Auto oder eine automatische Klobürste. Was soll ich denn mit Ausländern, davon habe ich doch zu Hause selber genug", schimpfe ich im Geiste mit meiner Frau, während ich am Glücksrad des guten Willens drehe.

„Und hier meine Damen und Herren, zusätzlich zum Hauptpreis können unsere Kandidaten diesen herrlichen Spitzen-Staubsauger gewinnen." Es ist so, als hätte der Moderator meine Gedanken lesen können.

„Hier sehen Sie Aufnahmen von diesem tollen Staubsauger. Ideal für den Haushalt, mit zwei Jahren Garantie. Und hier sehen Sie die Bilder von unserem Hauptpreis. Unsere Asylantenfamilie aus Zaïre. Hier noch glücklich nach dem dritten Hausbrand. Hier nicht mehr ganz so glücklich nach dem fünften. Hier beide Töchter im Koma. Vater wird auf der Straße angegriffen. Vater im Koma. Die Familie ist total arm und hilfebedürftig. Mit taufrischem Abschiebeurteil, ideal zum Gewissen beruhigen. Ich wünsche Ihnen beiden viel Glück meine Herren, toi, toi, toi!" sagt der schleimige Moderator, der so herumbrüllt, als wäre er ein orientalischer Basarverkäufer aus dem 17. Jahrhundert. Nur eben schleimiger. Hampelmann winkt, Hände aus der Nase und aufeinanderschlagen.

„Danke, danke, danke für den tollen Beifall, liebes Publikum. Meine erste Frage für heute Abend an die Kandidaten lautet: Warum kommt so eine Asylantenfamilie zu uns nach Deutschland, obwohl unser Land völlig überfüllt ist?! Drei kurze Antworten bitte!"

„Erstens wegen der zu laschen Gesetze, zweitens um auf unsere Kosten zu leben, drittens weil denen das ganze Geld nachgeschmissen wird", brülle ich blitzschnell in die Kamera. Ich habe mich auf diese Sendung sorgfältig vorbereitet. Seit Wochen studiere ich die Tagespresse und nehme täglich an mehreren Stammtischrunden in verschiedenen Kneipen erfolgreich teil.

„Na ja, so kann man es auch sehen, aber wie sind Ihre Antworten Herr Studienrat Behrends?"

„Erstens weil sie Hunger haben, zweitens wegen Krieg, drittens wegen politischer Verfolgung!"

„Super, super, Herr Studienrat! Doch bevor wir zur Werbung kommen, will ich euch unsere beiden Sponsoren vorstellen: Unsere heutige Sendung wurde finanziert von der deutschen Bundesregierung und von Ariel!"

Hampelmann winkt, Hände aus der Nase, an dem Hemd abwischen und aufeinanderschlagen.

„Dieser Duft, dieser Kaffee aus Kolumbien. Diese tollen gelben Bananen aus Costa Rica. Dieses Aroma, dieser herrliche Tee aus Indien", tönt es in der Werbung.

„Ja, meine Damen und Herren, da sind wir wieder mit der zweiten Runde von unserer beliebten Game-Show ‚das Glücksrad des guten Willens'. Und in der zweiten Runde können unsere Kandidaten einen tollen Club-Urlaub für zwei Personen gewinnen. Diese Reise geht nach Zaïre, in das Land wo unsere Bimbos …, ich meine, wo unsere Asylantenfamilie herkommt. Unseren beiden Kandidaten wünsche ich noch mal viel Glück und toi, toi, toi! Und hier kommt sie auch schon, unsere zweite Frage: Was bringen die Asylanten mit in unser Land?"

„Aids, Terror, Armut", schreie ich wie aus der Pistole geschossen.

„Nun ja, aber wie sind Ihre Antworten, Herr Studienrat?"

„Ich würde sagen, die Fremden bringen uns Kultur, Nächstenliebe und menschliche Wärme! Abgesehen davon sind die kleinen Negerbabys wirklich zu niedlich!"

„Super, super, Herr Studienrat, das ist Spitze!"

Tausend Lampen blinken wieder gleichzeitig auf, und ein Höllenlärm erfüllt das Studio. Der orientalische Basarverkäufer aus dem 17. Jahrhundert brüllt wie am Spieß: „Und der Gewinner unserer heutigen Sendung, das Glücksrad des guten Willens, kommt aus Regensburg, Herr Studienrat Behrends!"

Der Studienrat wird als Gewinner präsentiert, aber mich bestürmen die Zuschauer, um Autogramme zu kriegen. Und alle muntern mich auf: „Herr Engin, machen Sie sich nichts daraus, daß Sie den Staubsauger nicht gewonnen haben. Für uns sind Sie der eigentliche Gewinner der Sendung. Sie haben uns aus der Seele gesprochen. Sie sind ein Mann des Volkes!"

Während ich stolz die Autogrammwünsche befriedige, lese ich den Abspann der Sendung:

„Unsere heutige Asylantenfamilie wurde eingekleidet von United Colors of Benetton!"

(Ein Auszug aus dem Roman
von Osman Engin,
der demnächst erscheint.)

87 Osmans

Es ist vier Uhr morgens, und es klingelt an der Tür. Ich weiß nicht warum, aber aus irgendeinem Grund habe ich immer Angst, wenn es um diese Zeit klingelt.

„Frau, geh du, mach' du die Tür auf", wecke ich sie.

„Geh du doch, bist du der Mann im Haus oder ich?!" reagiert sie unwirsch.

„Ja, wer denn wohl?" entgegne ich kreideweiß, in der Hoffnung, sie in ihrer Schlaftrunkenheit zu täuschen. Aber sie fällt auf solche Tricks nicht mehr herein und behauptet nach wie vor, daß ich der Mann sei.

Ich nehme meinen ganzen Mut zusammen, was sowieso nicht viel ist, und mache ganz langsam die Tür auf. Zwei Polizeibeamte in Uniform stehen vor mir.

„Guten Morgen, sind Sie Osman Engin?" fragt einer der beiden Männer.

„Ja, warum?" stottere ich schüchtern.

„Wir müssen Sie mit aufs Revier nehmen."

„Was habe ich denn verbrochen? Ich war es nicht!"

„Das erfahren Sie noch früh genug!"

Meine Frau rauft sich die Haare und heult: „Oh, hätte

ich doch auf meine Tante Zekiye gehört! Die hat mich schon damals gewarnt: Heirate keinen Mann, der Osman heißt! Mit Osmans bekommt man nur Schwierigkeiten. Osmans klauen Hühner, Osmans klauen Schafe, Osmans klauen Esel. Osmans landen im Gefängnis und kommen nie wieder raus."

„Habe ich denn einen Esel geklaut oder was?" frage ich den Beamten völlig verzweifelt.

„Esel oder Kamel, das erfahren Sie alles gleich auf dem Revier!"

„Osman, halte durch, sei tapfer!" ruft meine Frau hinter mir her. „Ich werde dich die ganze Zeit im Gefängnis besuchen kommen. Die zwanzig Jahre werden vergehen wie im Flug!"

Meine Frau weiß, wie sie mir Mut machen kann. Oder versucht sie die Gunst der Stunde zu nutzen?!

„Du kannst deine Tante ja gleich als Belastungszeugen einfliegen lassen und einen bestochenen Esel dazu", rufe ich ihr verärgert zu, während ich unter dem Beifall meiner deutschen Nachbarn von den Polizisten abgeführt werde.

Der große Aufenthaltsraum bei der Polizei ist brechend voll. Ich versuche mit dem Herren rechts neben mir in Kontakt zu kommen.

„Gestatten Sie, mein Name ist Osman Engin. Weswegen sind wir eigentlich hier?"

„Das weiß ich auch nicht. Aber ich heiße auch Osman! Osman Ürgüplü."

Der Mann links von mir wirft ein: „Ich heiße auch Osman. Hier gibt's nur Osmans. Genau 83 Osmans!"

Ich kann nicht glauben, daß all diese Leute nur wegen ihres Vornamens abgeholt worden sind. Um sicherzugehen, mache ich einen Test und rufe laut: „Osmaann!"

Alle 83 Köpfe drehen sich zu mir um. Ich habe gar nicht gewußt, daß ich so viele Namensvettern in der Stadt habe.

Hat die Polizei vielleicht Angst, wir könnten mit so vielen Osmans hier ein neues Osmanisches Reich gründen?! Durch eine Blitzumfrage stellt sich heraus, daß keiner der mittlerweile 87 Osmans das neue Ausländergesetz gesehen, geschweige denn gelesen hat. Und wir sind ziemlich sicher, daß im neuen Ausländergesetz der Name Osman unter Strafe gestellt wurde.

„Mit sechs Monaten Straflager wäre ich einverstanden, wenn sie mich bloß nicht abschieben!" jammert einer.

„Warum das denn?" will ich wissen.

„Aber ich heiße doch Osman", gesteht er mit schuldbewußter Miene. Und alle nicken zustimmend.

„Da gibt's kein Entkommen. Wenn wir bloß mit sechs Monaten davonkommen!"

„Liebe Freunde, liebe Namensvettern", läßt sich jemand aus der Menge vernehmen. „Es kann doch nicht sein, daß allein unser Name uns schuldig machen soll. Wir müssen herausfinden, ob jemand von uns etwas Schlimmes angestellt hat. Zum Beispiel: Hat einer von euch in letzter Zeit jemanden verprügelt?"

„Zählt auch die eigene Frau?"

„Nein, die darf man natürlich!"

„Oder habt ihr vielleicht jemanden einfach nur schlecht behandelt?"

„Zählt auch die eigene Frau?" „Nein, die darf man natürlich!"

Es stellt sich heraus, daß alle 87 Osmans außerordentlich normale und friedliebende Menschen sind, die außer ihren Ehefrauen niemanden schlagen oder gar vergewaltigen.

Plötzlich dreht einer der Osis wieder durch und schlägt um sich: „Ich will nicht gehängt werden", heult er.

„In Deutschland gibt es die Todesstrafe doch nicht mehr", versuchen wir ihn zu beruhigen.

„Was ist, wenn sie uns der Türkei übergeben?"

„Die Türkei ist demokratisch", sagt jemand „da werden die Osmans nicht gehängt."

„Und was ist, wenn sie uns Kambodscha übergeben?" Da werden alle mucksmäuschen still. Daran hatte wirklich niemand gedacht!

Irgend jemand macht dem Osi aber den Vorwurf, daß er sich das hätte vorher überlegen müssen, bevor er sich den Namen Osman gab. Späte Reue nützt nichts. Ich verfluche meine Eltern, daß sie mir unter Tausenden Namen ausgerechnet diesen fürchterlichen ausgesucht haben.

„Versucht doch mal das Positive an der Sache zu sehen", bemühe ich mich, die Osis zu beruhigen. „Im Knast gibt's keine keifenden Ehefrauen, keine lästigen Kinder, keine anstrengende Arbeit, keine nervigen Schwiegermütter. Eine richtig tolle, reine Männergesellschaft. Wir können die ganze Nacht über zocken und Tee trinken und tagsüber pennen."

Ich beobachte, wie bei einigen Osmans die Augen anfangen zu glänzen. Aber die Vorfreude währt nicht lange. Die Ungewißheit trübt die Stimmung. Dann schleppen die Polizisten jeden Osi nacheinander zum Verhör.

Nach knapp 13 Stunden Wartezeit werde ich abgeholt. Ich bin als 76ster endlich an der Reihe.

Man drückt mich auf einen wackeligen Stuhl. Der Kommissar dreht die Lampe in meine Augen. Eine ältere deutsche Dame sitzt gemeinsam mit ihrem Kind in der Ecke und zuckt mit den Schultern.

„Ich bin mir nicht ganz sicher", flüstert sie. Der Kommissar scheint durch die stundenlangen Verhöre etwas genervt zu sein: „Wie kann denn eine Frau nur vergessen, welcher Mann ihr das Kind gemacht hat", schimpft er.

„Aber es ist doch schon ein paar Jahre her", antwortet die Frau, „außerdem sehen diese Türken mit ihren dicken schwarzen Schnurrbärten alle gleich aus. Ich weiß nur, daß er Osman hieß!"

„Ich kann nicht der Vater von diesem Kind sein", schreie ich, „ich habe diese Frau in meinem ganzen Leben noch nie gesehen!"

„Das hat nichts zu sagen", meint der Polizist, „die Frau hat den Mann dabei auch nicht gesehen."

„Seit wann muß man dabei ins Gesicht sehen?" keift die Frau. „Ich bin doch keine neugierige Tante"

Durch diese überzeugenden Argumente fühle ich mich wie ein auf frischer Tat ertappter Bankräuber.

„Wir müssen jeder Spur nachgehen, lassen Sie die Hosen runter", befiehlt der Kommissar.

„Vor der fremden Dame hier?", frage ich schüchtern.

„Stellen Sie sich nicht so an! Das machen Sie doch nicht zum ersten Mal."

Die Frau kontrolliert alles gründlich und genau. „Also ich weiß nicht. Das Ganze kommt mir doch nicht so bekannt vor."

„Das sage ich doch die ganze Zeit", seufze ich erleichtert. „Ich bin es bestimmt nicht gewesen. Ich glaube nicht mal, daß die Kinder meiner Frau alle von mir sind. Alle anderen 87 Osmans kommen in Frage. Alle diese Osmans draußen sehen so gemein und triebhaft aus. Ich bin die einzige Ausnahme."

18

„Ziehen Sie bitte Ihre Hose wieder an, Herr Engin", sagt der Kommissar, „das war nur eine Routineuntersuchung. Der Fall hat sich für Sie erledigt. Sie können wieder nach Hause gehen."

Mir fallen riesengroße Steine vom Herzen: fast so groß wie Pyramiden. Ich danke Allah auf Knien, daß ich nicht nach Kambodscha muß. Ich ziehe meine Sachen schnell wieder an und bin froh, weil niemand bemerkt hat, daß ich mir vor Angst in die Hosen gemacht habe. Freundlich lächelnd verabschiede ich mich von den beiden.

Aber beim Hinausgehen stürzt sich das Kind plötzlich auf mich: „Papa, Papa, verlaß uns nicht schon wieder!!"

Der Fluchtversuch

„Foltern! Polizei?! Nein, wer sagt denn so einen Unsinn!"

„Hier, Ihr Sohn hat ausgesagt, daß er bei uns von der Polizei gefoltert worden sei!"

„Ah, nein, mein Sohn Mehmet macht doch nur Scherze. Er wollte nur mit seinen Onkels von der Polizei Spaß machen."

„Aber hier in seiner Aussage steht, daß ihm die Polizisten seinen linken Arm gebrochen hätten."

„Na, sage ich doch, daß er nur Scherze macht. Vorhin hat er mir nämlich die ganze Wahrheit erzählt. Er wollte seinen Onkels von der Polizei nur eine Freude machen. Deshalb nahm er seinen linken Arm und brach ihn sich selbst."

„Das klingt einleuchtend", meint der Staatsanwalt. „So wirds denn wohl gewesen sein. Aber hier steht auch noch, daß ihm drei Polizisten die Hände auf den Rücken gefesselt und ihn angeblich mit Stiefeln ins Gesicht getreten hätten. Dafür soll es Zeugen geben."

„Mein Mehmet kann immer noch kein vernünftiges Deutsch, Herr Staatsanwalt. Der dummer Kerl ist sogar in Bremen geboren, aber er kann sich in Deutsch leider nicht vernünftig ausdrücken. Sie können seine Aussage gleich ändern. Ich übersetze Ihnen, wie er es wirklich gemeint hat. Unser Mehmet liebt kaukasische Folklore, das ist eins seiner liebsten Hobbys. Und dieser Volkstanz geht so: Man fesselt sich selber die Hände auf den Rücken und wirft sich laut krachend auf den Boden. Dann muß man sich stöhnend hin und her wälzen und versuchen, mit der Nase die Stiefel der Zuschauer zu berühren. Für dumme Leute, die diesen berühmten Tanz nicht kennen, könnte es theoretisch so aussehen, als wenn die Zuschauer ihm ins Gesicht treten. Aber genau das Gegenteil ist der Fall."

„Na gut, wenn es sein Hobby ist, dann wollen wir mal ein Auge zudrücken", meint der Staatsanwalt etwas erleichtert. „Aber er sollte doch den Polizisten die Schuhe ersetzen, die er mit seinem Blut beschmiert hat, finde ich. Das ist hier so üblich."

„Selbstverständlich", sage ich lächelnd, während ich Mehmets Geständnisse lese. „Wir stehen bei Ihnen ohnehin in der Schuld, weil die Herren schon so gastfreundlich sind und Mehmet seit zehn Tagen kostenlos hier im Untersuchungshaus bei sich mitwohnen lassen! Aber dieses eine Geständnis mit dem Banküberfall vom 3. 5. 71 müssen Sie schon rausnehmen. Es paßt nicht ganz!"

„Was stimmt denn daran nicht? Wenn er es selbst zugegeben hat?!"

„Mehmet ist leider erst am 18. 10. 72 geboren worden!"

In dem Moment kommt Mehmet herein. Oder besser gesagt, zwei Polizisten schleifen ihn hinter sich her. Sein linksradikaler Kopf ist jetzt doppelt so groß wie sonst. Sein linkes Bein sieht irgendwie eigenartig aus; die

Kniescheibe zeigt nach hinten. Die untere Hälfte von seinem linken Arm baumelt durch die Gegend.

„Mehmet, du siehst ja prächtig aus", rufe ich begeistert. „So gut ausgeruht habe ich ihn lange nicht mehr gesehen", sage ich dem Staatsanwalt. „Sie müssen sich ja herzlich um ihn gekümmert haben."

„Die Kameraden von der Polizei waren so freundlich", sagt er bescheiden.

„Ich danke Ihnen, meine Herren", rufe ich den Polizisten begeistert zu.

„Mehmet, willst du uns in Teufels Küche bringen?! Was für eine leichtsinnige Aussage hast du denn gemacht, du Idiot?" sage ich ihm auf Türkisch.

„In Deutschland gibt's nicht mal das ‚D' von ‚Demokratie' ", lispelt er mit seinen eingeschlagenen Zähnen. „Schau doch nur Vater, was die aus mir gemacht haben. Nur weil ich bei dieser verbotenen Demonstration mitgemacht habe."

„Hier steht noch was Unverständliches", ruft der Staatsanwalt dazwischen. „Angeblich soll man ihm Elektroschocks durch sein Geschlechtsteil gejagt haben. Was ist das denn für eine unverschämte Geschichte?!"

„Aber das ist doch nur ein Mißverständnis", verbessere ich ihn. „Das ist typisch Mehmet, dieser geile Bock. Seinetwegen habe ich Zuhause alle Steckdosen mit Kindersicherungen ausstatten müssen. Wenn der Kerl spitz ist, dann versucht er sein Ding in jede Steckdose reinzustecken. Wie oft habe ich ihm schon gesagt, daß er sich endlich eine Freundin zulegen soll. Aber ihm macht das wohl mehr Spaß, es mit Steckdosen zu treiben. Er sagt, keine Frau ist so heißblütig und hat soviel Spannung wie eine Steckdose. Bei keiner anderen Frau kriegt er solches Herzflattern und Zittern."

„Vater, seit drei Tagen habe ich nichts zu Essen gekriegt", stöhnt mein Sohn mit völlig erschöpfter Stimme. „Nicht mal ein Butterbrot. Rechtsanwalt durfte ich auch nicht haben."

„Aber mein Junge, die Onkels wollten doch nur dein Bestes", tröste ich ihn. „Butterbrot mit Rechtsanwalt drauf hätte bestimmt scheußlich geschmeckt!"

Die beiden Polizisten lassen ihn mitten im Zimmer fallen, und um sich von dieser schweren Arbeit zu erholen, gehen sie in die Kantine, um eine Tasse Kaffee zu trinken. Mehmet klatscht auf den Boden wie ein Sack Kartoffeln. Mühsam versucht er sich mit der rechten Hand aufzustützen. Er umklammert einen Stuhl, um sich hochzuziehen, aber er schafft es nicht. Er sackt wieder zusammen und knallt mit dem Gesicht auf den Boden.

„Herr Engin, Herr Engin, haben Sie das gesehen? Haben Sie diesen hinterhältigen Fluchtversuch Ihres Sohnes mitbekommen?" ruft der Staatsanwalt.

„Ja", antworte ich „ich habe alles deutlich gesehen. Ich glaube, er hat sogar mit aller Gewalt versucht, Sie als Geisel zu nehmen! Welch' ein Glück, daß Sie noch am Leben sind!"

„Herr Engin, dieser Fluchtversuch in Tateinheit mit bewaffneter Geiselnahme wird Konsequenzen haben. Was schlagen Sie vor, wie sollte seine Aussage aussehen?!"

„Also unser Mehmet hat schon seit seiner Kindheit liebendgerne Steinwände gegen seinen Kopf geschlagen, und er springt auch mit Begeisterung durch geschlossene Fenster von Polizeigebäuden. Zum Glück sind wir aber hier im Erdgeschoß!"

Während ich die zukünftige Aussage meines Sohnes unterschreibe, entdecke ich auf der letzten Seite einen schrecklichen Satz:

„Bitte, Herr Staatsanwalt, können wir diesen Satz nicht rausnehmen? In diesem Fall wird es wohl nicht zwingend notwendig sein!"

„Welchen Satz meinen Sie denn?"

„Durch gezielten Warnschuß zwischen die Augen auf der Flucht erschossen!!"

Osman, der Kanzlerberater

„In Deutschland gibt es doch keine echte Demokratie", sagt mein linksradikaler Sohn Mehmet. „Vater, mach dir keine Hoffnungen, dich lassen die bestimmt nicht reden."

„Oh doch, Mehmet", halte ich dagegen „das ist hier meine persönliche Einladung von der Bundesregierung. Bei dem Hearing zur Integration der Ausländer wollen die meine Meinung hören. Hier steht alles schwarz auf weiß geschrieben."

„Das dient doch nur als Tarnung", beharrt Mehmet. „Keine deutsche Regierung hat jemals Wert auf die Meinung von Minderheiten gelegt. Was die da beschließen, das steht doch schon seit Jahren fest. Das Hearing ist nur eine Show. Die tun so, als wären sie demokratisch."

„Aber ich habe doch Rederecht, du Nörgler! Ich soll der Regierung meine Meinung sagen. Solange und wie ich es will. Es gibt keine Zensuren in Deutschland."

„Vater, glaube mir, ich kenne die Brüder. Die lassen dich bestimmt nicht reden. Die verpassen dir sofort einen Maulkorb. Dann darfst du höchstens mit dem Kopf nicken."

„Aber Mehmet, Fernsehen, Radio, Zeitung, die ganzen Medien aus aller Welt werden da sein. Während der Tagesschau kann Helmut Kohl mir doch nicht den Mund zuhalten. Deutschland ist nicht so undemokratisch wie du sagst. Allein, daß sie die Meinung von einem einfachen Mann wie mir hören wollen, ist doch Beweis genug."

„Mach dir nichts vor, Osman. Die wollen doch gar nichts von dir hören", mischt sich nun Eminanim ein.

„Frau, fang du jetzt nicht auch noch damit an. Du siehst doch die persönliche Einladung in meiner Hand."

„Ja, aber weswegen laden sie dich denn ein?!"

„Weil ich ein ganz normaler türkischer Schlosser in Halle 4 bin. Und die wollen die Meinung der ausländischen Minderheiten kennenlernen."

„Nein, die laden dich ein, weil die Gewerkschaft dich vorgeschlagen hat, du Arschkriecher. Du wäschst ja auch dem gesamten Betriebsrat jeden Sonntag kostenlos die Autos!"

„Wir Arbeiter müssen uns doch mit dem Betriebsrat solidarisch zeigen! Glaub mir, die Kollegen wissen schon, wen sie nach Bonn schicken. Ihren besten Mann!"

„Die brauchen dich dort nur zur Dekoration. Du wirst nichts anderes sein als eine Schaufensterpuppe, die ihren Mund nicht aufmachen darf. Du hast soviel zu tun wie eine Vogelscheuche!"

Am nächsten Morgen veranstalte ich spontan einen Tag der offenen Tür. Die ausländische Bevölkerung soll mir ihre Sorgen und Probleme erzählen, damit ich sie der Regierung knallhart auf den Tisch legen kann. Meine Tochter Hatice verteilt Nummernzettel wie beim Arbeitsamt an die wartende Masse. Damit wollen wir verhindern, daß in der Schlange Ungerechtigkeiten entstehen.

Die meisten Botschaften sind aber langweilig und nicht erwähnenswert, wie etwa die:

„Herr Engin, ich bin hier geboren, aber ich traue mich wegen dieser Rechtsradikalen in letzter Zeit kaum noch auf die Straße." Oder: „Ich zahle seit 30 Jahren Steuern, wann bekommen wir endlich das Wahlrecht?" Aber es gibt auch brisante und interessante Fragen. Eine Dame zum Beispiel sagt: „Herr Engin, ich bin so schrecklich dick. Fragen Sie doch mal den Kanzler, ob er was dagegen bewirken kann."

„Wenn der was dagegen tun könnte, dann wäre er selber nicht so fett", kommentiert mein rebellischer Sohn. „Mehmet, ich hasse deine regierungsfeindlichen Sprüche", zische ich ihn an. „Daß du immer noch nicht im Knast gelandet bist, ist doch der beste Beweis dafür, daß es in diesem unserem Lande schon fast zuviel Demokratie gibt."

„Herr Engin, fragen Sie die Politiker doch mal, wann Ost- und Westdeutschland endlich richtig vereinigt werden und..."

„Die sind doch schon vereinigt", mischt sich wieder mein kommunistischer Sohn ein, „die Politiker im Osten sind schon genauso korrupt wie die im Westen!"

Bei dieser respektlosen Äußerung kann ich mich beim besten Willen nicht mehr beherrschen: „Du Hetzer", schreie ich ihn an, „du Aufrührer, du Provokateur, du Demagoge, du Unheilstifter, du Giftmischer, du Volksverführer, du Querulant, du Ketzer, du Abtrünniger, du Irrgläubiger, du Gottloser, du Anarchist, du Separatist, du Deserteur, du Denunziant, du Vaterlandsverräter, du Fahnenflüchtiger, du Agent des Ostens! Mußt du denn immer sabotieren, randalieren, revolutionieren und meutern. Mußt du denn immer böses Blut schaffen und

Verschwörungen anzetteln? Warum vergiftest du immer die saubersten Brunnen?! Warum gießt du immer Öl ins fast verloschene Feuer?! Du Enkel Stalins! Du unverbesserlicher Kommunist!!!!"

„Osman, dann bist du ja der Sohn von Stalin. Nach all den Jahren gibst du es endlich zu. Ich hab's schon immer gewußt, du Tyrann!!"

Oh Allah, warum hast du mich mit dieser Familie bestraft?! Ich habe eine Frau, sie ist wirklich die zweitgrößte Nervensäge des Mittleren Orients. Meine kleine Tochter Hatice, dieser Giftzwerg, die mich immer wieder dafür bestraft, daß wir es versäumt haben, sie abzutreiben. Und dann dieser Sohn Mehmet. Auf dem ganzen Globus gibt es keinen Betonkommunisten, der sturer ist als Mehmet. Nicht mal Castro.

Am nächsten Tag nehme ich meine acht Aktenordner mit den Wünschen, Fragen und Verbesserungsvorschlägen der Ausländer und fahre nach Bonn.

Soviele Zeitungs- und Fernsehleute habe ich noch nie auf einem Haufen gesehen. Eine freundliche Dame empfängt mich gleich am Eingang. Und höflich führt sie mich tatsächlich zum Kanzler. Die Fotografen und Kameraleute reißen sich um uns: Der Kanzler und ich! Ich und der Außenminister. Ich mit dem ganzen Kabinett. Es hagelt nur so von Blitzlichtern, Fragen und Ministern. Von rechts, von links, von oben, von unten.

„Wir werden den Fragen dieses ausländischen Mitbürgers schonungslos Rede und Antwort stehen", ruft der Kanzler über die Menge hinweg. Und der Außenminister fügt ganz diplomatisch an: „Wir sind sehr froh, daß er so freundlich war und unsere Einladung zum Gedankenaustausch angenommen hat."

Meine Frau und mein Sohn werden vor Neid zerplatzen, wenn sie diese Aufnahmen in den Nachrichten sehen. Allen Reportern zeige ich meine acht Aktenordner mit den vielen Fragen, Wünschen und Beschwerden der ausländischen Bürger. Dann werden die Reporter weggeschickt, und wir gehen in den Konferenzraum. Die freundliche Dame führt mich in den großen Saal hinein. Der Herr Bundeskanzler sitzt am Kopf des riesigen Tisches. Ich will mich gegenüber hinsetzen, doch die charmante Dame bittet mich, weiter nach oben zu gehen. An jedem Stuhl, an dem ich mich hinsetzen will, sagt sie: „Bitte gehen Sie doch weiter, Herr Engin.“

Jetzt bin ich nur noch zwei Meter vom Regierungschef entfernt. „Soll ich mich denn neben unseren Bundeskanzler persönlich hinsetzen?“ frage ich die Dame fast verrückt vor Glück.

Da schiebt auch schon jemand einen Sessel heran, damit ich neben dem Kanzler sitzen kann. Das ist doch der Herr Außenminister. Er rückt mir persönlich den Sessel zurecht. Ich bin der glücklichste Mensch auf der Erde. Ich danke dem Herrn Außenminister für seine Solidarität und Tapferkeit. Ich setze mich stolz neben den Kanzler und küsse ihn demonstrativ auf beide Wangen.

„Verzeihung, nicht hier“, sagt die freundliche Dame schon wieder zu mir. „Bitte gehen Sie noch ein paar Schritte weiter, Herr Engin.“

„Aber wir sind schon am Ende des Tisches!“

„Bitte nur noch durch diese Tür hindurch, Herr Engin.“

„Aber dann bin ich doch schon wieder draußen! Herr Kohl, bitte Herr Kohl, lassen Sie mich nicht rausschmeißen. Ich werde meinen Mund bestimmt nicht aufmachen. Ich wasche auch alle ihre Autos.“ Aber es hilft alles nichts, ich muß raus.

Todtraurig stehe ich auf einmal in einem riesengroßen Garten. Die Dame und ich. Ich und die acht Aktenordner. Ich und der Gärtner. Der steht 50 Meter weiter und gießt Blumen.

„Aber sie hatten mir doch versprochen, daß ich alles sagen darf. Ich dürfte so lange reden, und alles sagen, was ich will."

„Aber selbstverständlich, Herr Engin", sagt die Dame nicht mehr ganz so freundlich. „Hier im Garten des Kanzleramtes dürfen Sie soviel reden, wie Sie wollen. Sie können sagen, was Sie wollen. Niemand macht Ihnen Vorschriften." Dann macht sie leise die Panzerglastür von innen zu und verschwindet für immer aus meinem Leben. Ich fühle mich einsam und verlassen. Die Regierung hat mich nicht lieb.

Ich weiß nicht, ob ich schreien oder toben soll?! „Lassen Sie Ihren Gefühlen freien Lauf, mein Herr", ruft der Gärtner von weitem, „machen Sie sich Luft, mich stören Sie dadurch nicht. Ich bin es gewohnt! Sie sind nicht der erste!!!"

Amigo Armado

„Muchachos, Armado, muchachos, hier ist Osman. Armado, hörst du mich? Hier Osman, hier Osman!!"

„¿Qué pasa amigo? ¿Qué pasa? Ich verstehe nix!"

„Hier Osman, hier Osman! Hey Armado, hier hombre Osman aus Alemaña."

„¿Alemaña? Ost oder West? Werder Bremen oder Dynamo Dresden?"

„Frag nicht so blöd, Armado, hier ist hombre Osi aus Bremen."

„Mensch, Osi, lange nichts von dir gehört. Wie geht's dir, immer noch Halle 3?"

„Nein, Armado, nein, ich habe Karriere gemacht. Nach 20 Jahren Akkord in Halle 3 bin ich befördert worden. Ich arbeite nicht mehr als Schlosser in Halle 3! Ich bin jetzt Schlosser in Halle 4!"

„Gut gemacht, Osman! Ganz Portugal einschließlich Madeira ist stolz auf dich! Wie geht es dir sonst so? Und wie geht es Deutschland?"

„Was soll ich sagen, Armado? Deutschland hat sich reichlich verändert seit deiner Rückkehr nach Portugal. Es ist nicht mehr das gleiche Land, das dir dein Moped geschenkt hat? Weißt du das noch?"

„Natürlich! Stell nicht so dumme Fragen! Du hast danach tagelang Palaver gemacht. Ich kann nichts dafür, daß ich der einmillionste Gastarbeiter in Deutschland war. Schließlich hast du mich aus Höflichkeit vor dir aus dem Zug steigen lassen."

„Was heißt hier ‚Höflichkeit'? Irgendwie muß ich falsch gezählt haben."

„Madonna, hast du einen Ärger gemacht. Auf dem Bahnsteig hast du rumgeschrien, ‚Ihr Deutschen, schenkt mir wenigstens ein Fahrrad, wenn ich schon das Moped nicht bekomme'!"

„Ich weiß, ich weiß! Die Beamten sagten, ‚Türke, sei ruhig! Du bist hier nicht auf einem Basar. Wir haben dich nicht zum Betteln hergeholt, sondern zum Arbeiten'."

„Ach ja, hombre Osi, und am nächsten Tag haben wir in die Hände gespuckt und steigerten das deutsche Sozialprodukt."

„Ja, Armado! Wir haben dafür gesorgt, daß die Deutschen endlich vernünftige Autos bekamen."

„Richtig! Ohne uns hätten sie nie eine Chance gehabt gegen die Japaner."

„Und daß die Deutschen heute so gebildet sind, das verdanken sie nicht Goethe, Schiller oder Brösel, sondern einzig und allein meinem Sohn Recep! Wenn der nicht Nacht für Nacht ihre Zeitungen ausgetragen hätte, was wüßten sie dann von der Welt, frage ich dich, Armado! Nichts!!"

„Was meinst du, amigo? Findest du etwa, daß die Deutschen gebildet sind?"

„Was ist los, Armado? Willst du meinen Sohn beleidigen? Du mußt zugeben, wenn sie nicht völlig verblödet sind, dann nur wegen Recep."

„Ich weiß, Osman. Dein Recep gibt sich viel Mühe. Aber wir wollen mal ehrlich sein, wenn ich mir Deutschland mal so anschaue, viel hat dein Sohn nicht geschafft. Osman, lassen wir das, erzähl mir lieber, warum du mitten in der Nacht anrufst? Zehn Jahre habe ich von dir nichts gehört, nicht mal eine Postkarte."

„Armado, wie soll ich's dir sagen, ich und Deutschland, wir haben ein kleines Problem. Deutschland hat Zuwachs bekommen."

„Osman, was hast du angestellt? Bambino! Wie heißt das Kind?"

„Das war ich nicht. Das war dieser Gorbatschow. Jetzt ist Deutschland fast doppelt so groß. Die DDR ist zur Kolonie von Deutschland geworden. Ohne uns zu fragen, hat sich die BRD die DDR einverleibt!"

„Mich und andere Europäer haben sie auch nicht gefragt."

„Welche anderen Europäer meinst du denn, Armado?"

„Zum Beispiel meinen Onkel José, Maggie, meine Tante Maria Dolores und Mitterrand."

„Armado, du mußt das einsehen, uns bleibt nichts anderes übrig, als der DDR auch auf die Beine zu helfen. Wir ,Gastarbeiter' haben die moralische Pflicht, unseren neuen deutschen Brüdern beizustehen. Wir müssen denen so viel beibringen."

„Was willst du denen beibringen, Osman? Wie man Sozialamt, Arbeitsamt bescheißt und Versicherungen reinlegt?"

„Nein, amigo Armado, das können die schon besser als wir. Aber wir müssen die DDR aufbauen. Das kann ich alleine nicht schaffen. Du wirst hier wieder gebraucht, Armado. Komm zurück nach Deutschland."

„Ich habe mir schon fast gedacht, warum du mitten in der Nacht anrufst. Aber nochmal kriegt mich niemand für ein doofes Moped nach Deutschland. Hasta la vista, muchacho Osman!"

„Armado, leg nicht auf. Komm nach Deutschland. Laß mich nicht alleine. Hörst du mich Armado. Alleine schaffe ich es nicht. Armado, leg nicht auf! Armado, komm zurück! Armado … Armado …"

PS: Dem einmillionsten „Gastarbeiter" wurde 1964 ein Moped geschenkt. Er war Portugiese und hieß Armado So Rodriguez. Wenige Jahre, nachdem er in die Heimat zurückgekehrt war, starb er an einer Berufskrankheit.

Schweizer Moskitonetz

Die Zeit drängt etwas, aber ich habe doch noch rechtzeitig angefangen, alles für meinen nächsten Urlaub zu besorgen:
Koffer, Hose, Jacke, Zahnbürste und zwei frische Unterhosen. Farbe und Schnitt der Unterhosen habe ich sorgfältigst ausgesucht: lila gestreift und pink kariert mit einer roten Rose drauf. Bei diesen Farben und der hübschen Rose wird jedes Landmädel in den Alpen schwach. Ich will nämlich in die Schweiz reisen. Im Sommer 1999, das heißt genau in fünf Jahren. So lange dauern mindestens die Vorbereitungen für ein Visum in die Schweiz. Das Visum ist eine Erfindung der Europäer, um sich diese lästigen Türken vom Leibe zu halten, und es hat die gleiche Funktion wie ein Moskitonetz. Wenn man es aufspannt, wird man von keinem Moskito ... eh, Türken mehr belästigt. Die qualitativ besten europäischen Netze gegen Türken haben Deutschland, Österreich und die Schweiz entwickelt.
Bereits vor drei Jahren wollte ich schon einmal in die Schweiz und hatte ein Visum beantragt. Damals verlangten die Beamten vom Schweizer Konsulat lediglich

ein Dutzend Paßfotos von mir, meiner Frau und meinen Kindern. Darüber hinaus brauchte ich nur ein paar Aktenordner für jeden von uns auszufüllen, die sie „Formulare" nannten.

Jetzt könnte man wissenschaftlich fragen, was zuerst da war, das Huhn oder der Türke…, öh, das Ei; beziehungsweise das Visum oder das Huhn…, eh, ich meine Moskitonetz…, nein, Türken-Ei… Ganz ruhig bleiben, Osman, ganz ruhig. Ist doch alles in Ordnung. War denn zuerst überhaupt etwas da?! Außer den Türken. Die gab es immer. Sogar schon bevor diese Erde da war. Überall. Das wurde mir besonders deutlich, als die Beamten mir Videoaufnahmen vom verschneiten Vorgarten des Schweizer Konsulats zeigten.

„Oh, Du großer Türkenmensch, es gibt wahrlich keinen Ort auf diesem Planeten, den Du noch nicht verpestet hast", stand da mit großen Buchstaben in den weißen Schnee gepinkelt Die Beamten wollten wissen, ob ich das war. Sie machten Urintests. Und Proben meiner Pinkelschrift mußte ich abliefern. Aber zum Glück konnte ich sie am Ende doch noch überzeugen, daß diese Inschrift nicht von Osman Engin, sondern noch von den alten Osmanen stammt. Sie kennen doch das Osmanische Reich. Das hat ein Namensvetter von mir gegründet. Damals brauchten wir Türken bis kurz vor Wien kein Visum in Europa.

Nach ein paar Wochen wollten sie auch noch meine Kontoauszüge sehen. Sie sagten, daß sie das bei allen Exoten machen würden. Ausnahmen gibt's nur bei demokratischen Menschenfreunden wie Präsident Botha, General Duvalier, dem Schah von Persien und Präsident Marcos. Meine Einwendungen, daß doch der Idi Amin mein Schwiegervater sei, Präsident Marcos seinerzeit Milchbruder meines Vaters war und sein voller Name in Wirklichkeit Ferdinand-Osi Marcos-Engin sei, brachten mich auch nicht weiter. Die Schweizer gaben mir kein Visum solange mein Konto im Minus war. Wochenlang gab es bei uns nur Wasser und Brot mit elf Körnern Salz pro Kopf. Ich vermißte meine geliebte Bohnensuppe mehr als meine Verwandtschaft in der Türkei. Was durch meine Frau ganz psychologisch analysiert wurde: „Deine Verwandten sind ja auch völlig ungenießbar!"

Und als mein Konto endlich im Plus war, stellten die Beamten ganz nebenbei fest, daß mein Paß nicht in Ordnung sei. Sechs Monate brauchte ich, um meinen konservativen türkischen Paß den hochmodischen Schweizer Normen anzupassen. Um den Beamten zu zeigen, daß auch ich mich den Schweizer Gewohnheiten angepaßt hatte, aß ich vor ihren Augen demonstrativ kiloweise Schweizer Käse mit riesigen Löchern und Schweizer Schokolade. Dabei schaute ich fünfmal in einer Minute auf meine neue Schweizer Uhr. Schade, daß sie meine lila gestreifte Unterhose mit der roten Rose nicht sehen konnten.

Danach bemerkten sie plötzlich, daß ich bereits 5 Kinder habe. Ich dankte den Schweizer Beamten für ihre Aufmerksamkeit und sagte: „Zwei Jungs, drei Mädchen." Und ich hob die Hand dafür, daß diese Kinder garantiert von meinem roten Blute seien: 00 Negativ. Das hätte ich nicht sagen sollen. Daraufhin wurden wir alle zur Blutuntersuchung geschickt. Das Ergebnis war die größte Enttäuschung meines Lebens. Meine kleine Tochter Hatice stammte nicht von mir. Ich fing an, Hatice mit fremden Augen anzusehen. Mit einem Grinsen wies mich der Schweizer Beamte daraufhin, was ich jetzt – gemäß unserer Sitten – zu tun habe. „Um Ihre Ehre zu retten, müssen Sie Ihre untreue Frau umbringen!" Über die Art und Weise, wie ich meine Frau umzubringen habe, wollte ich mich später noch vom Schweizer Konsulat informieren lassen.

Danach meldete sich das Schweizer Konsulat bei mir. Hatice hat doch mein rotes Blut: 000 Negativ. Eine Null mehr oder weniger spielt ja bei den Blutgruppen nicht so eine große Rolle. Dabei hatte ich bereits alles so schön geregelt. Sogar eine echte französische Guillotine habe ich mir schicken lassen. Jetzt habe ich aber keinen Grund mehr, meine Frau umzubringen. Daß sie die Bohnensuppe heute schon wieder so salzig gemacht hat, reicht leider auch nicht. Sie hätte sie schon anbrennen lassen müssen. Jetzt ist das Schweizer Konsulat sauer auf mich, weil ich in ihren Augen unzuverlässig bin. Sie könnten mir kein Visum geben, weil ich nichts zu Ende führe, was ich mir vornehme. Bei Allah, ich habe doch nur diese eine Frau. Diese Schweizer wissen wohl nicht, wie hoch in Anatolien das Brautgeld ist. Das ist fast so teuer wie ein gefälschtes Visum für die Schweiz.

Aber diesmal werde ich es schaffen, mit meiner geliebten Frau, der zweitgrößten Nervensäge des Mittleren Orients, in der Schweiz Urlaub zu machen. Fünf Jahre Vorbereitungszeit müßten ja selbst für die Schweiz ausreichen, um ein Visum zu bekommen.

Das Gute an dieser Sache war, daß ich mich seitdem mit der Guillotine rasiere, wesentlich gründlicher als früher mit der Rasierklinge. Es ist nur morgens doch etwas laut, wenn ständig das Fallbeil – meinen Hals rasierend– auf dem Holzblock aufschlägt.

Ei Spik Deutsch

„Very very gut, very very billih", brüllt mir der Verkäufer ins Ohr und reißt mir fast den rechten Arm ab.

„Ey em very schön Jacket", schreit sein Konkurrent und zieht an meinem linken Arm.

Der am rechten Ärmel bekommt Verstärkung. Ein Bär von einem Ladenhelfer schleift mich gemeinsam mit seinem Boß in einen Laden. Nein, nein, die wollen mich nicht ausrauben. Jedenfalls nicht illegal. Die beiden Basarverkäufer zerren mich in ihr Geschäft, um mir irgendwas zu verkaufen.

„Echt Leder", sagt er und zeigt mir eine schwarze Jacke. „Echt Leder, feif Handert, only feif Handert, for may Frends."

„Du schreckst ihn ja ab", sagt der Riesentürke, verlang doch nicht gleich das Doppelte."

„Das macht nichts", sagt der Boß „diese Deutschen haben Geld wie Heu. Runtergehen mit dem Preis kann ich ja immer noch!"

Ich glaube, ich werde doch ausgeraubt!

Aus Angst, von Rechtsradikalen als Ausländer erkannt

zu werden, hatte ich mir in Deutschland die Haare blond gefärbt und den Schnurrbart abrasiert. Das machen doch jetzt alle. Das ist die große Mode in Deutschland. Mein Nachbar Hasan Öztürk hat sogar seinen Namen geändert. Er nennt sich jetzt Gottlieb Echtdeutsch. Mit diesen blonden Haaren und schnurrbartlos, aber dafür mit der ganzen Familie und dem vollen Ford-Transit bin ich in die Türkei gefahren, um meine jährliche Urlaubspflicht abzuleisten.

Ich war gerade mal zwanzig Meter von dem Laden entfernt, als mich diese Istanbuler Gangster schnappten und in ihr Geschäft schleppten.

„Ei spik deutsch", sagt er „echt Leder, echt Leder, sehr billih, sehr billih!"

„Ich brauche keine Jacke, ich will nichts kaufen", sage ich laut und zwar auf türkisch. Aber die beiden Geschäftsleute sind sich so sicher, daß sie einen deutschen Touristen geschnappt haben, und nehmen mein Türkisch gar nicht wahr.

Mit einem Mal gefiel ich mir in der Rolle des deutschen Touristen. Ich kann unbemerkt mitbekommen, was die beiden Basarhändler im Schilde führen. A la Wallraff kann ich die Touristenfeindlichkeit Istanbuler Basarverkäufer bloßstellen. Osman Wallraff, ganz oben!

Ich will den beiden etwas Mut machen und sage auf deutsch: „Schön Jacket, schön Jacket, bietefel!"

Die beiden sehen sich mit dem typischen „unser-heutiger-Gewinn-ist-garantiert-Blick" an. Diesen Blick kenne ich nur zu gut. Den hat meine Frau auch immer drauf, wenn sie mir eine größere Menge Geld abgeknöpft hat.

„Der Vogel ist im Käfig", ruft der Boß freudig, „das Geschäft ist sicher. Der Kerl zahlt jeden Preis, siehst du nicht, wie doof er dreinschaut."

„Schön Jacket, schön Istanbul, schön Türkei", gebe ich das Kompliment zurück. Der Riesenkerl holt mir sofort einen Stuhl.

„Besorg' noch schnell einen Tee", ruft der Boß, „wenn er mir diese Jacke für fünfhundert Mark abkauft, dann gönne ich ihm diesen Tee sogar. Das Plastikjäckchen ist nicht mal 50 Mark wert!"

„Schön Jacket, schön Istanbul, schön Türkei", wiederhole ich vor mich hin. Dadurch ermuntert holt er noch eine Lederjacke aus dem Schrank.

„Echt Leder, very very schön Jacket, seven Handert Mark."

„Ooo very very gut", schreie ich begeistert auf deutsch.

„Der Kerl hat überhaupt keine Chance", ruft der Gauner freudig, „den presse ich heute aus wie eine Zitrone. Dem sauge ich das ganze Geld ab. Ruf doch mal die Ayla von oben runter."

Dann holt er aus dem Regal drei Teppiche und vier Statuen aus Gips.

„Very very old Teppich, very very old Stein, very very billih only for gut Frend."

„Osmanisches Reich?" frage ich gekonnt überrascht.

„Noch very very old", sagt er „Bizanz, Römer, Assyrer, Neanderthaler. Billih, billih, tri Handert Mark!"

Dann fragt er seinen Kumpanen: „Hast du auch bei allen Gipsköpfen den Schriftzug ‚Made in Taiwan' abgekratzt?"

„Ja", sagt der andere, „aber bei den Figuren aus Südkorea ging das viel einfacher."

„Egal, die aus Taiwan sind billiger. Die kosten nicht mal zwei Mark."

Ich überlege die ganze Zeit, was ich in diesem Jahr für meinen Meister von Halle 4 als Geschenk aus der Tür-

kei mitbringen soll?! Im Laufe der Zeit habe ich ihm
doch schon fast alles Orientalische geschenkt: Teppiche, Tücher, Samowar, Raki, Kissen, Silber, Gold, Wasserpfeife.

In der Zwischenzeit ist ein Frisör und ein Straßenverkäufer in den Laden gekommen. „Ich hole auch mal
meine Sachen rein", schreit der Straßenverkäufer hoffnungsvoll, „vielleicht kann ich dem Idioten ja auch was
andrehen!"

Und der Frisör holt Kamm, Schere und Spiegel, um mir
die Haare zu schneiden. In dem Moment kommt durch
die Hintertür eine gutgebaute Bauchtänzerin in den
Laden hinein.

„Komm Ayla, zeig mal, was du kannst", sagt der
Geschäftsinhaber „wenn du ihn dazu kriegst, viele
Sachen zu kaufen, dann bekommst du auch deinen
Anteil ab."

Der große Helfer drückt auf den Kassettenrekorder, und
eine orientalische Bauchtanzmusik erfüllt den Raum
oder besser gesagt den ganzen Basar. In ihrem knappen
Bauchtanzkleidchen verdreht Ayla die Augen, kurvt
scharf um mich herum, während sie mit Busen und Hintern wackelt. Dabei versucht der Straßenverkäufer, mir
seine Wertgegenstände anzudrehen; bestehend aus
Feuerzeugen, Postkarten, Schnürsenkel, Rasierklingen,
Batterien, Taschenlampen, Gürtel, Reißverschlüssen
und Sonnenbrillen. Währenddessen seift der Frisör auch
noch mein Gesicht ein, um mich zu rasieren; daß ich
mich vor zwei Stunden rasiert habe, macht ihm nichts
aus. Und ich versuche bei diesem Durcheinander tapfer
meinen Tee zu trinken.

„Very very old Stein, ei lav deutsch, for Frend only tu
Handert", schreit der Gauner dazwischen und versucht

45

seinen zwei Mark teuren Gipskopf aus Taiwan als altrömische Statue zu verkaufen, aus Liebe zu den Deutschen für nur lächerliche zweihundert Mark.

Ich kann mich kaum noch auf dem Stuhl festhalten, weil ich mit Ayla zusammen tanzen will. Aber ich darf es nicht! Erstens weil ich ein steifer Deutscher bin, zweitens wegen der Rasierklinge an meinem Hals. In dem Moment kommt ein anderer jugendlicher Straßenverkäufer mit seinem gesamten Laden auf dem Arm, also Hemden, T-Shirts und Pullover, durch die Tür.

„Mein Herr, ich habe Levis-Hemden für Sie."

„Nein, danke, ich mag Levis nicht!" sage ich.

„Lacoste? Boß? Lee? Wrangler? Adidas?"

„Mag ich alles nicht!"

„Kein Problem, mein Herr. Sagen Sie, welche Marke Sie haben wollen, wir drucken alles drauf!"

Der Obergauner ärgert sich, daß er mir immer noch nichts andrehen konnte, und wirft deswegen die beiden Straßenverkäufer heraus.

„Das Arschloch hat ja nur noch Augen für die Ayla, als hätte er noch nie eine nackte Frau gesehen. Der guckt unsere Sachen nicht mal mehr an", flucht er verärgert.

„Geh doch mal mit den Preisen runter, vielleicht kauft er dann", rät ihm sein großer Helfer.

„Ei lav deutsch", sagt der Boß freundlich lächelnd, „echt Leder Jacket, tri Handert, old Römerkopf van Handert Mark."

„Zu teuer, zu teuer", rufe ich und stecke der Bauchtänzerin einen Zehn-Mark-Schein in den Büstenhalter.

„Ich glaube, der Idiot treibt mich noch in den Wahnsinn", heult der Boß und dreht sich dann wieder freundlich zu mir:

„Echt Leder Jacket tu Handert, old Stein fifti Mark!"

„Zu teuer, zu teuer", rufe ich und stecke der Bauchtänzerin diesmal einen Zwanzig-Mark-Schein in den Slip.

„Ich glaube, der Wichser will doch gar nichts kaufen, der verarscht uns doch nur. Einen Deutschen, der so gut handeln kann, habe ich noch nie gesehen."

Meine Gefühle gehen mit mir durch, ich kann mich nicht mehr bremsen. Ich springe auf und tanze mit Ayla zusammen.

„Istanbul schön, Türkei schön, Ayla schön, Bauchtanz bietefel", brülle ich lauter als der Kassettenrekorder.

Auf einmal, wie immer im ungünstigen Augenblick, kommt Hatice herein.

„Papa, wo steckst du denn die ganze Zeit? Wir suchen dich schon überall", ruft sie durch den Laden. Und ausnahmsweise mal mit so einem akzentfreien Türkisch, wie ich es noch nie von ihr gehört habe.

Alle im Laden sind geschockt. Die Bauchtänzerin fällt auf ihren Hintern. Die Gipsköpfe zerplatzen auf dem Boden und der Kassettenrekorder gibt seinen Geist auf.

„Echt Leder Jacket feif Handert", stöhnt der Obergauner völlig durcheinander.

„Ei tenk yu, ei tenk yu, very gut! Ich kaufe es", rufe ich.

„Was? Sie wollen für die Jacke trotz allem noch 500 Mark bezahlen?!" fragt mich der große Helfer diesmal auf türkisch.

„Nein, nein, nicht für die Jacke", sage ich. „Ich habe meinem Meister fast alles Orientalische schon geschenkt, diesmal bringe ich ihm wirklich was Originelles mit: Ich kaufe die Bauchtänzerin!"

Hugo hat Hunger

Letztes Jahr reiste ich zur Ramadanzeit* mit meinem deutschen Freund Hugo in die Türkei. Hugo hat von den „Tanzenden Derwischen" in Konya gehört, die wollte er unbedingt sehen. Ich hatte mir vorher nicht träumen lassen, wie toll es sei, mit Hugo in der Türkei Urlaub zu machen. Durch ihn habe ich mein Heimatland erst richtig kennengelernt. In der Türkei gibt's nicht nur jede Menge Bäume, riesige Berge und lebende Kamele, sondern rings herum sogar mehrere Meere, die bis obenhin mit Wasser voll sind. Und das finden die deutschen Touristen toll. Wenn ich, wie sonst, alleine zum Urlaub in die Türkei gefahren wäre, dann hätte ich wie immer beim Hausbau meines Onkels oder bei der Gurken-Ernte auf dem Land meiner Großtante helfen müssen. Aus diesem Grunde schlage ich allen Türken dringend vor, wenn ihr in euren Ferien wirklich Urlaub in der Türkei machen wollt, dann fahrt mit Hugo. Oder nehmt irgendeinen anderen Deutschen mit. Deutsche Touristen haben viele Vorteile:
Sie sind pflegeleicht; sie sind bei 30 Grad mit Meerwasser zu waschen. Sie sind stubenrein, pinkeln nachts

nicht in die Betten. Sie sind genügsam, sie freuen sich sogar darüber, wenn man ihnen nur Ruinen zum Fotografieren zeigt. Sie sind tapfer, klagen nicht über Sonnenbrand, sie sind sogar stolz darauf. Sie sind preisgünstig und inflationssicher, sie zahlen selber, mit Deutsch-Mark.

Nach drei Tagen Istanbul – ich konnte keine Moscheen mehr sehen – sind Hugo und ich mit dem Nachtbus nach Konya** gefahren. Die ganze Nacht haben wir geschlafen, um den Ort ganz ausgeruht besuchen zu können. Am nächsten Morgen kamen wir total fit in Konya an. So fit man halt mit einem leeren Magen sein kann. Nicht, daß wir etwa fasten wollten, nein, wir hatten nur nichts gegessen, weil wir die ganze Strecke im Bus fest geschlafen hatten.

„Du Osman, ich habe so einen Hunger, wo können wir hier frühstücken?" fragt Hugo.

Unser Bärenhunger verführt uns dazu, anstelle der drehenden Derwische, nach sich drehenden Dönerspießen zu suchen. Einen Kilometer später, Hugo hielt es nicht mehr aus: „In Istanbul gibt's doch an jeder Ecke einen Dönerladen, was ist die lokale Spezialität von Konya?"

Daraufhin ich: „Ich glaube, der Hoca ist ohnmächtig."

Hugo leicht verunsichert: „Warum, ist der Mann vor Hitze oder vor Hunger ohnmächtig?"

„Ach, nein, das Essen heißt so. Das sind mit Hackfleisch gefüllte Auberginen."

„Die Auberginen haben's hier aber gut. Die sind mit Hackfleisch gefüllt, im Gegensatz zu mir," schluchzt Hugo. Mein knurrender Magen war mit Hugo einer Meinung. Wir liefen schon seit einer Stunde durch Konya, aber wir hatten bisher kein Restaurant gefunden, das geöffnet war. Hugo zeigt mir einen alten Mann mit langem Bart, der uns entgegen kam.

„Osman, frag den Opa doch mal, der kaut die ganze Zeit auf irgendwas rum. Der kommt bestimmt direkt aus dem Restaurant."

Ich nähere mich dem älteren Herrn mit dem Rauschebart: „Großer Bruder, wir sind fremd in der Stadt. Könnten Sie uns bitte den Weg weisen zu dem Restaurant, aus dem Sie gerade kommen?"

„La havle vela inna."

Komischer Name für ein Restaurant, und wie komme ich dahin?"

„Sabir inna minine Seytaaaan," murmelt er und lief weiter.

„Du Hugo, der hatte auch nichts zu kauen, der hat nur die ganze Zeit gebetet."

Hugo lief langsam vor Hunger grün an. „Osman," sagte er mit matter Stimme, „laß uns doch eine Zeitung kaufen."

„Nein Hugo, das mache ich nicht. Anschließend erzählst du in Bremen, ich hätte dir in der Türkei nur eine Zeitung zu essen gegeben."

„Ich will sie nicht aufessen, ich will wissen, warum in Konya die Restaurantbesitzer streiken."

„Nein, die streiken nicht, wir haben Ramadan."

„In Istanbul habe ich doch tagsüber auch was zu essen gekriegt!" Er war dem Weinen nahe. Inzwischen befanden wir uns in einer riesigen Menschenmenge.

„Osman, mir nach! Da gibt's bestimmt was zu essen."

Mit wackeligen Beinen versuchte ich durch das Menschengewühl hinter ihm herzulaufen. Wir hatten die Derwische doch schneller entdeckt als die Dönerstände. Hugo brüllte: „Osman, wenn ich nicht gleich was zwischen die Zähne kriege, dann drehe ich ab." Der Hunger veränderte Hugo. Er fing an sich mit den Derwischen zu drehen.

„Hugo, mein Lieber, was ist denn los mit dir?" Aber er hörte mich nicht mehr.

Hugo ist endgültig zu einem richtigen Moslem geworden. Er fastet und tanzt mit den Derwischen, jetzt muß er nur noch beschnitten werden.

Mein Urlaub ist aber im Eimer. Ich bin meinen stubenreinen, pflegeleichten und genügsamen Deutschen los. Ich habe keine Ausrede mehr. Ich muß meiner Großtante wieder bei der Gurken-Ernte helfen. Ich hasse Gurken.

* Ramadan ist der Fastenmonat der Moslems, der mit dem dreitägigen Zuckerfest endet. Während des vierwöchigen Ramadans darf der gläubige Moslem von Sonnenaufgang bis Sonnenuntergang nichts essen und trinken. Nicht mal Raki.
** Konya liegt mitten in Anatolien. 650 km von Istanbul entfernt. Die Stadt ist das religiöse Oberzentrum der Türkei. Die Gegend ist dafür bekannt, daß dort sehr viele religiös-konservative Menschen leben.

Das Ramadanfest

Seit mehr als dreizig Jahren arbeite ich in Deutschland. Und mein Jahresurlaub fällt in diesem Jahr zum erstenmal genau auf das Ramadanfest in der Türkei. Am ersten Tag des Festes – das drei Tage dauert –, versammeln sich alle Verwandten beim ältesten Familienmitglied. Bei uns ist dies mein Vater. Die Kinder küssen den Älteren die Hände und bekommen Geld geschenkt. Die Nachbarkinder laufen von Haus zu Haus, um den Leuten die Hände zu küssen. Mein jüngster Neffe, der im Haus meines Vaters wohnt, macht sich diese Mühe nicht. Schließlich müssen alle Verwandten sowieso zu meinem Vater kommen, deshalb hockt er wie ein Geier zu Hause hinter dem Fenster und wartet auf seine Opfer. Und jeder Verwandte, der den Fehler begeht, das Haus meines Vaters zu betreten, wird von ihm erbarmungslos ausgeraubt.

Nach dem Festgebet in der Moschee gehe ich mit allen Familienmitgliedern nach Hause. Neidvoll betrachte ich meine Brüder und Onkels. Sie haben das Glück, jedes Jahr dieses schöne Fest in ihrer Heimatstadt zu feiern. Ich schaue die Menschen auf der Straße um uns herum an. Alle sind glücklich und zufrieden. Allah sei Dank, ich bin es endlich auch. Nach mehr als dreizig Jahren. Auf unserem Wege kommen uns Scharen von Kindern entgegen. Ich habe mir jede Menge Kleingeld besorgt, damit ich möglichst allen Kindern etwas geben kann. Während die Kinder meine Hände küssen und ich ihnen die kleinen Scheine zustecke, bemerke ich, daß ich alle meine Brüder und Onkels verloren habe. Ich stehe mitten auf der Straße. Aber da kommen sie schon einer nach dem anderen aus dem Toilettenhäuschen gegenüber. Onkel Ömer meint, „du Osman, wir müßten mal dringend. Entschuldige bitte."

Mein ältester Bruder Ahmet umarmt meine Schulter und sagt: „Ach, Osman, komm doch für immer zurück in die Türkei. Du siehst doch selber, was für herrliche Sitten wir hier haben. Die gesamte Verwandtschaft kommt zum Vater, und alle Kinder küssen fremden Menschen die Hände. So was gibt's doch im kalten unfreundlichen Deutschland nicht!"

„Ach ja, Ahmet, du hast ja so recht", antworte ich voller Rührung.

Auf der Straße kommt uns wieder ein ganzer Pulk Kinder entgegen. Alle in ihren schönsten Kleidern. Den niedlichen Kleinen gebe ich wieder Geldscheine. Es ist ein schönes Gefühl, unschuldige Kinder glücklich machen zu dürfen. Als die Kinder fort sind, kommen meine Verwandten aus einem Haus um die Ecke.

„Du kennst den Mann bestimmt nicht", erklärt mir Onkel Ömer. „Hier wohnt ein ganz naher Freund unserer Familie. Wir sind kurz bei ihm gewesen, um ihm alles Gute zum Ramadanfest zu wünschen."

Ich kann meine Tränen kaum noch unterdrücken. So eine durch und durch menschliche Atmosphäre. Ihr

Deutschen, schaut euch mal auch diese Seite unserer Gesellschaft an, nicht nur die Strände und die Ruinen. Bei euch gibt's doch nur diesen Tannenbaum. Schenkst du mir was, schenk ich dir was. Reine Berechnung. Nehmt uns Türken zum Vorbild!

Ich fasse Bruder Ahmet fest am Arm und sage entschlossen, „Bruder, bald, bald komme ich wieder zurück, heim in die Türkei."

Plötzlich sind zahlreiche Kinder um uns versammelt. Selbstverständlich hole ich meine Geldbörse heraus. Und als die Kinder mir ein Frohes Fest wünschen, da bin ich fast im siebten Himmel. Ich sehe, wie ein Kind am Arm meines Onkels zerrt, um ihm endlich die Hand küssen zu dürfen. Onkel Ömer stemmt mit aller Kraft seine Hände in die Taschen, und der Junge versucht verbissen, die Hand da wieder raus zu kriegen. Als noch zwei weitere Jungs dem Kind zu Hilfe eilen, dreht sich mein Onkel wie eine Windmühle wild um die eigene Achse und versucht, die Kinder abzuschütteln. Aber der Junge klammert sich mit beiden Händen am Arm von Onkel Ömer so doll fest, daß er mit durch die Gegend fliegt. Mein Onkel flucht lauthals.

„Verdammt Ahmet, hast du nicht gemerkt, wie die uns aufgelauert haben?! Du solltest doch aufpassen!"

Mein Bruder Ahmet versucht ebenfalls verzweifelt, seine Hände frei zu bekommen, und schreit dabei: „Onkel Ömer, ich weiß nicht, wie die das geschafft haben. Die müssen hinter der Mauer in Stellung gelegen haben."

Ich bekomme mit, wie mein anderer Onkel, Hasan, blitzschnell in die nächste Straße einbiegt. Ich hätte nie gedacht, daß er mit seinem dicken Bauch so schnell laufen kann. Aber zwei der Kinder heften sich auch an seine Fersen. Der Junge, der sich am Arm von meinem

Onkel verbissen festhält, und sich die ganze Zeit mit ihm durch die Luft dreht, schimpft wild drauflos.

„Du Geizhals, dein Sohn hat von meinem Vater auch Geld bekommen. Du mußt mir auch was geben. Sonst kriege ich Prügel Zuhause."

Ich war längst nicht mehr im Himmel, sondern vor Scham im Erdboden versunken. Onkel Ömer antwortete, ohne anzuhalten, „wieviel hat mein Sohn von deinem Vater bekommen?"

„Einen nagelneuen Hundert-Lira-Schein."

„Wenn du meinen Arm losläßt, gebe ich dir 50 Lira."

„Kommt nicht in Frage. Dann machen wir ja ein Verlustgeschäft."

„Verflucht, eure Familie hat doch ein Kind mehr, ihr sammelt doch viel mehr Geld als wir."

„Das ist dein Problem, mußt du eben mehr Kinder machen. Nix mit Pille und so!"

„Okay, ich gebe dir 75 Lira, einverstanden?"

Das Kind drehte sich immer noch mit meinem Onkel auf der Straße. Ich hatte Angst, daß es sich nicht mehr festhalten und an die Hauswand klatschen könnte. Aber der Knabe war anscheinend hart durchtrainiert, denn er brüllte zurück, „100 Lira, eher lasse ich dich nicht los. Gleich verlange ich auch Schmerzensgeld!"

Vor lauter Drehen war Onkel Ömer ganz schwindelig geworden, und er gab mit schneeweißem Gesicht auf.

„Laß mich endlich los, du Ratte. Du kriegst deinen Hunderter…, aber in zwei Monatsraten."

Als Onkel Ömer danach zu mir hinschaute, machte ich es so, wie die vornehmen englischen Lords: Ich schaute gen Himmel, so als hätte ich nichts gesehen oder gehört. „Der Himmel bei euch ist wirklich glasklar, Onkel."

„Ja", rief er, „ich sage dir doch, komm zurück In die Heimat. Ein so schönes Land findest du nicht überall."

Ohne nochmals überfallen zu werden, rannten wir in nur zehn Minuten quer durch die Olivenwälder zum Haus meines Onkels. Vor der Tür klingelte er zweimal kurz. einmal lang. Das war eine Vorsichtsmaßnahme gegen Kinderüberfälle auf die Wohnung. Als die Tür dann immer noch nicht aufging, fing er an, wie ein Wilder zu schreien. Endlich machte seine Frau die Tür auf.

„Den Trick mit dem Klingeln kennen die Kinder schon lange. Alle haben zweimal kurz und einmal lang geschellt. Einige machten sogar deine Stimme nach und brüllten, Frau, öffne die Tür!"

Dieses Mal konnte ich die Rolle des vornehmen englischen Lords beim besten Willen nicht mehr spielen. Onkel Ömer sagte, „du brauchst gar nicht so erstaunt zu tun. Wenn man wie du die Taschen voller Deutsch-Mark hat, dann ist es ein Kinderspiel, beim Ramadanfest Geld zu verteilen. Aber versucht mal mit dem bißchen Geld, daß ich im Monat verdiene, sechs Menschen zu ernähren! Bei uns langt's hinten und vorne nicht."

Ich ging ins Kinderzimmer, wo ich untergebracht war, und packte meine Sachen…

Dütschlünd, Dütschlünd,
Übür Üllüs

„Vergiß das Fladenbrot und die Tomaten nicht", ruft mir meine Frau vom Fenster hinterher.

„Wieviel Tomaten denn?" frage ich zurück.

„So ein Kilo, das reicht! Und auch etwas Hackfleisch."

„Wieviel Hackfleisch?" frage ich zurück.

„So ein halbes Kilo Hackfleisch wäre gut. Und denk noch an die deutsche Staatsbürgerschaft!"

„Davon auch ein halbes Kilo oder darfs ein bißchen mehr sein?!"

Eminanim hat heute ausnahmsweise mal gute Laune, und sie geht auf meinen Scherz ein: „Osman, 250 Gramm frische deutsche Staatsbürgerschaft in Scheiben, das dürfte reichen für das Mittagessen. Wenns geht mit viel Kümmel und Knoblauch. Wenn sie das nicht haben, dann eben mit Kohl und Pinkel!"

„Die geben euch die Staatsbürgerschaft doch nie", mischt sich meine zweitälteste Tochter Zeynep ein, die nur die beiden letzten Wörter Kohl und Pinkel mitbekommen hat.

„Was meinst du denn mit ‚die'?" fragt ihre Mutter irritiert.

„Na die beiden eben: Kohl und Kinkel!"

Ich beiß mir auf die Lippen, um nicht loszulachen. Es könnte bei unserer Einbürgerung noch größere Schwierigkeiten geben, wenn es rauskäme, daß wir uns auf offener Straße über unsere Staatsmänner lustig machen. Dieses vorlaute Kind war gar nicht auf der Welt, denke ich mir, als wir damals vor 17 Jahren zum erstenmal den Antrag auf Einbürgerung gestellt haben. Wenn wir damals den Paß sofort bekommen hätten, dann wären sie und ihre kleine Schwester Hatice als Deutsche geboren worden. So ist sie seit über 16 Jahren Türkin. Das ganze ist wohl so eine Art Arbeitsbeschaffungsmaßnahme für Beamte, denke ich mir. Sie sorgen dafür, daß die Kinder als Ausländer geboren werden, damit sie dann deren Anträge auf Einbürgerung auch bearbeiten können.

Ich habe in meinem Einbürgerungsarchiv im Keller nachgeschaut, das ist heute mein 728. Behördenbesuch in dieser Sache. Schon bald, ab dem Tausendsten wird Zeynep, meine zweitjüngste Tochter, diese Ehrenpflicht übernehmen. Dann wird sie diese bei Ausländern so beliebte Familientradition fortführen. (Übrigens, wenn Zeynep gleichzeitig sowohl meine zweitjüngste als auch meine zweitälteste Tochter ist, wieviel Töchter habe ich?! Dem Gewinner droht eine Wochenendreise nach Bottrop, zusammen mit meiner Frau!)

In letzter Zeit findet diese Wachablösung bei vielen ausländischen Familien statt. Mein lieber Nachbar Selim – Allah habe ihn selig – hat auch in den letzten Jahren seines Lebens sich vergeblich bemüht, wenigstens als Deutscher sterben zu dürfen. Als er dann leider doch als Türke von uns ging, hat er in seinem Testament verkündet: „Ich enterbe alle meine acht in Deutschland geborenen Kinder, wenn es nicht wenigstens einer von ihnen innerhalb der nächsten zehn Jahre schafft, die

deutsche Staatsangehörigkeit zu bekommen. Ich will nicht, daß meine Enkelkinder diesen Schwachsinn auch noch mitmachen müssen!"

Früher, als Zeynep noch ein Kind war, habe ich sie jede Woche zu den traditionellen Behördengängen mitgenommen. Von klein auf sollte sie für ihre spätere Tätigkeit im Umgang mit Beamten richtig geschult werden. Aber dann hat sie mich bis auf die Knochen blamiert; seit dem nehme ich sie nicht mehr mit. Meine zuständige Sachbearbeiterin, die liebe Frau Kottzmeyer-Göbelsberg (damals hieß sie nur Kottzmeyer), fragte mich:

„Herr Engin, erlauben es Ihre Wohnverhältnisse, daß Sie Deutscher werden können? Ist Ihre Wohnung groß genug für einen deutschen Paß?"

„Mehr als genug!" sagte ich voller Stolz. „Erst letzte Woche haben in der rechten Hälfte von unserem Wohnzimmer alle Männer aus unserer Straße ein Fußballtournier ausgetragen. Und in der linken Hälfte haben unsere Frauen einen 100-Meter-Hindernislauf veranstaltet. Die Kinder dienten wie immer im Leben als Hindernisse. Wie gesagt, unsere Wohnung ist groß, um nicht zu sagen: riesig! Wir haben mehr Platz als genug!"

„Das stimmt überhaupt nicht", hat sich damals die kleine Zeynep in unser Gespräch eingemischt:

„Unsere Wohnung ist überhaupt nicht groß! Denn immer wenn wir Besuch bekommen, dann schläft meine große Schwester Nermin bei mir im Bett. Mein Bruder Recep schläft dann bei Mehmet, und Papi schläft auf Mami!" Deshalb nehme ich Zeynep nie wieder mit!! Aber ich bin sicher, die heutige Prüfung bei der Ausländerbehörde werde ich gut überstehen. Denn erstens schleppe ich keine Kleinkinder mit mir rum, und zweitens habe ich alle meine Hausaufgaben bestens erledigt!

Die deutsche Nationalhymne kann ich inzwischen absolut perfekt. Alle Titel von Goethes und Schillers Werken habe ich auswendig gelernt, und die Biographien von Lassalle, Feuerbach, Hegel und Karl May habe ich studiert.

Als ich das Zimmer betrete, weist mich Frau Kottzmeyer-Göbelsberg gleich zurecht:

„Herr Engin, sehen Sie es endlich ein. Sie haben nicht das Zeug, ein Deutscher zu werden. Sie sind schon wieder fünf Minuten zu früh. Ein richtiger Deutscher kommt weder zu spät noch zu früh!"

Bevor ich mich von ihr völlig durcheinanderbringen lasse, fange ich sofort mit meinen Hausaufgaben an und singe die Nationalhymne: „Dütschlünd, Dütschlünd, übür üllüs, übür üllüs…"

„Sehr güt, Herr Üsmen, süpür! Ach, jetzt haben Sie mich mit Ihren vielen Ü's auch angesteckt. Herr Engin, damit hätten wir die letzte Frage von Kapitel 78 endlich abgehakt und kommen jetzt zu Kapitel 79, § 12, Absatz D, Strich 7, Kennziffer römisch drei, Frage 1A: Deutsche Literatur des 19. und 20. Jahrhunderts! Aus welchen Büchern stammen folgende Zitate: ,Hau wech die Scheiße, ein Tas Kaf und zwei Flasch Bier?'!"

Ich bin schockiert! Es muß einen wichtigen deutschen Literaten geben, den ich nicht studiert habe!

„Fontane?" frage ich schüchtern, „oder Wilhelm Busch oder doch Kleist oder vielleicht Heinrich Heine?!"

Frau Kottzmeyer-Göbelsberg verdreht genervt die Augen: „Einen kleinen Hinweis kann ich noch geben, Herr Engin. Es ist Literatur des 20. Jahrhunderts!"

„Christian Morgenstern?" rufe ich hoffnungsvoll, „oder Thomas Mann? Vielleicht Hermann Hesse oder doch Rainer Maria Rilke?"

„Nein, Herr Engin, was ich meine ist die ganz moderne deutsche Literatur, sozusagen die Gegenwartsliteratur!"

„Patrick Süskind? Günter Grass? Johannes Mario Simmel oder doch Heinrich Böll?"

„Nein, Herr Engin, lassen Sie es sein. Es hat schon wieder keinen Zweck! Kommen Sie nächste Woche wieder, wenn Sie es gelernt haben!"

Gelassen und erhobenen Hauptes verlasse ich die Behörde. Ab dem 500. Mal habe ich aufgehört, jedesmal danach zu heulen und in den Eichenschrank zu beißen.

Aber nur zwei Wochen danach präsentiere ich meiner Frau stolz die neuen Pässe! Voller Rührung fällt sie auf die Knie und bedankt sich bei dem lieben Gott.

„Frau, das ist die falsche Adresse, der liebe Gott ist für uns überhaupt nicht zuständig. Für uns ist Allah verantwortlich."

„Du Idiot, das sind ja russische Ausweise", schreit sie wütend, nachdem sie sich die Pässe genauer angeschaut hat. „Osman, ich will nicht nach Wladiwostok, ich will nicht nach Sibirien!"

„Aber Frau, das ist doch unsere einzige Möglichkeit, dieser idiotischen Bürokratie zu entkommen. Als Rußland-Deutsche werden wir sofort, innerhalb von 14 Tagen, eingebürgert!"

Wähle bei Aldi

„Übrigens, ich habe meine Arbeit gekündigt", sage ich zu meiner Frau. Es mag sein, daß die Psyche des Menschen so gebaut ist, daß sie aus Selbstschutz die schreckliche Wahrheit nicht annehmen will. Oder möglicherweise nimmt meine Frau mich nur wie immer nicht für voll.

Auf jeden Fall antwortet die zweitgrößte Nervensäge des Mittleren Orients nur: „Ich freue mich ja so, daß heute Abend wieder Dallas läuft", und fügt mit strahlenden Augen hinzu, „heute soll es besonders aufregend sein!" In solchen Momenten empfinde ich tiefes Wohlwollen für alle Ehefrauenmörder.

Auf dem Weg zu unserem Hausbesitzer, bei dem ich auch die Wohnung kündigen will, treffe ich Ali. Ali ist unser selbsternannter Experte für Ausländerwahlrecht. Wenn es nach ihm gehen würde, hätten alle Ausländer in Deutschland schon lange das Wahlrecht. Einige hätten sogar das zweifache Wahlrecht verdient. Nämlich alle Leute, die ihn wählen würden. Er schleppte wieder viele Plakate und Transparente mit sich, auf denen Parolen stehen.

„Das Wahlrecht gehört zum Türken, wie der Türke zum Bahnhof."

„Gebt dem Deutschen sein Sauerkraut und dem Türken sein Wahlrecht."

„Kaufe bei Aldi, wähle den Ali."

Ali ist sich ganz sicher, daß er mit diesen Plakaten das Wahlrecht für Ausländer bekommen wird.

„Na, Osman, wie findest du meine neuesten Parolen? Die überzeugen doch wohl den letzten Trottel", fragt er mich voller Stolz.

„Du Ali, ich bin gegen das Ausländerwahlrecht, antworte ich.

Mit angewidertem Gesichtsausdruck blickt Ali an mir herunter, als hätte er gerade eine total rechtsradikale Fliege in seiner Erbsensuppe entdeckt. Er verdreht die Augen, läuft blau an, schmeißt alle Plakate wild um sich und hüpft wie ein Känguruh über die Straße. Er schreit: „Ein Verräter unter uns, ein Verräter unter uns!"

Ich sammle die Plakate wieder auf, die er durch die Gegend geschmissen hat, und versuche ihn zu beruhigen.

„Ali, alter Junge, nimm es doch nicht so tragisch. Ist doch nicht persönlich gemeint. Ich habe überhaupt nichts gegen dein Wahlrecht. Von mir aus, kannst du jeden Tag dreimal wählen gehen. Ich persönlich bin gegen das Wahlrecht überhaupt. Andererseits, ich muß sagen, dein Slogan ‚Wähle bei Aldi, kaufe den Ali' ist gar nicht mal so schlecht." Jetzt flippt er völlig aus.

„Es ist umgekehrt, es ist umgekehrt", brüllt er und trommelt mit beiden Fäusten weinend auf meine Brust. „Das heißt: ‚Kauf den Aldi bei Waldi ...', oder was? ..., so jetzt hast du mich völlig durcheinander gebracht." Schluchzend packt Ali seine Plakate wieder zusammen, schaut mich ein letztes Mal mit einem vernichtenden Blick an und geht.

Als ich bei unserem Hausbesitzer die Wohnung kündigen will, blickt dieser mich völlig verwirrt an.

„Seit Jahren versuche ich dich rauszuekeln, und jetzt willst du freiwillig weg? Wo findest du als Ausländer denn noch mal so eine schöne Wohnung? Die Bude hat doch allen Komfort: Dach, Wände, eine Tür, mehrere Fenster und sogar eine Toilette."

„Stimmt, aber die ist zwei Etagen tiefer."

Mein Hausbesitzer versucht immer noch, mich vom Komfort der Wohnung zu überzeugen. „Die Wohnung ist doch prima. Deine Familie braucht doch zum Duschen nicht weiter als drei Haltestellen bis zum nächsten Hallenbad zu fahren."

Nachdem ich die Wohnung endlich gekündigt habe, treffe ich auf dem Heimweg Ahmet. Ahmet ist ein Ali in Taschenformat, was das Ausländerwahlrecht angeht.

„Pfui, pfui, Schande über dich, Osman. Ich habe gehört, du bist gegen das Wahlrecht für Ausländer", brüllt er von der anderen Straßenseite zu mir herüber. Obwohl Bremen etwas größer ist als unser Dorf in Anatolien verbreiten sich Gerüchte hier noch schneller als dort.

„Aber Ahmet, das ist doch nicht persönlich gemeint gegenüber euch Ausländern. Ich bin überhaupt gegen jede Art von Wahlen hier in Deutschland."

„Ach so, du meinst, die deutschen Parteien lohnt es nicht zu wählen, weil die alle ausländerfeindlich sind."

„Nein Ahmet, ich finde die Wahlen in Deutschland grundsätzlich sinnlos."

„Osman, willst du die Diktatur? Ist es das, was du willst?"

AUSLÄNDER WAHL RECHT

„Nein, Ahmet, ich will auch keine Diktatur. Aber hier in Deutschland sind die Wahlen total nutzlos. Das bringt doch alles überhaupt nichts. Daraus habe ich die Konsequenzen gezogen. Ich habe hier alles gekündigt und wandere in die USA aus."

„Osman, jetzt verstehe ich überhaupt nichts mehr."

„Mensch, Ahmet, ist doch ganz einfach. Ich will das Wahlrecht in den USA haben. Ich will endlich Leute wählen können, die Deutschland wirklich regieren."

Ding Dong

„Ding dong, ding dong!" Es klingelt an der Tür. Ich hole mir leise eine Bierflasche und setze mich gemütlich hin.

„Osman, mach doch mal die Tür auf", ruft meine Frau vom Schlafzimmer aus.

Ich gebe keinen Laut von mir. Sie denkt bestimmt, ich bin im Klo oder unten im Keller, und macht die Tür von selber auf.

„Osman, ich weiß genau, daß du weder im Klo noch unten im Keller bist. Auf den Trick falle ich nicht mehr rein. Mach jetzt gefälligst die Tür auf!"

Gerade jetzt soll ich aufstehen und die Tür aufmachen?! Gerade jetzt, wo im Fernsehen die deutsche Skat-Nationalmannschaft doch endlich angefangen hat Druck zu machen? Ich denke gar nicht daran!

„Osman, daß die deutschen Skatspieler endlich anfangen Druck zu machen, ist kein Grund, unseren Besuch bei der Kälte draußen stehenzulassen", schreit sie rüber zu mir.

Woher weiß sie das?! Kann die Frau hellsehen, oder was?! Oder hat sie im Schlafzimmer etwa einen Fernseher versteckt?! Theoretisch könnte sie mit dem Geld, das sie mir regelmäßig aus meinem Portemonnaie klaut, gleich mehrere Fernseher kaufen. Und einen mittelgroßen TV-Sender noch dazu. Denn ich habe das Gefühl, daß meine Frau mir noch mehr Geld stiehlt als diese kommunistische Regierung Helmut Kohls.

„Osman, du brauchst jetzt nicht so dumm aus der Wäsche zu schauen! Oder zu denken, sie kann hellsehen oder hat einen Fernseher im Schlafzimmer versteckt. Ich weiß, daß du die Skat-Weltmeisterschaft guckst. Das merkt man an dem Gebrüll der blöden Zuschauer."

„Ding dong dong!" Diesmal ist es aber nicht die Klingel, sondern die Wohnzimmerwand, die so dröhnt. Aus Ärger, wie ich an so eine teuflische Frau geraten konnte, habe ich mir meinen Kopf mehrmals brutal gegen die Wand geklatscht.

„Osman, die arme Wand kann nichts dafür, daß du damals leider mich ausgesucht hast. Außerdem ist die Tapete an der Stelle nicht abwaschbar. Ständig bleiben häßliche Flecken von deinen fettigen Haaren drauf. Von den Blutpfützen auf dem Teppich will ich gar nicht reden."

„Ding dong, ding dong!"

„Mensch, Osman, mach doch mal endlich die Tür auf. Es hat draußen angefangen zu schneien."

Ich glaube, ich kann mein Schweigen endlich brechen. Spätestens seit dem unglücklichen Zusammenprall meines Kopfes mit der Wohnzimmerwand weiß sie, daß ich hier bin.

„Frau, sei so lieb und mach' doch mal die Tür auf", schreie ich in Richtung Schlafzimmer. „Du weißt doch genau, daß ich jetzt von dem Fernseher nicht weg kann!"

„Ich mach' mich gerade zurecht!" ruft sie zurück. „Vor unseren Gästen kann ich ja nicht so rumlaufen wie vor dir."

„Das ganze Restaurieren hat sowieso kein Sinn. Sogar der ‚Palast der Republik' in Ost-Berlin ist ja einfacher zu restaurieren. Außerdem habe ich dem Ahmet schon längst erzählt, was für eine elende Schlampe du Zuhause bist. Also brauchst du gar nichts zu renovieren!"

„Osman, du Mistschwein, andere Männer vergleichen ihre Frauen mit Rosen, Nelken und Diamanten, aber du nimmst alte DDR-Ruinen! Du, Kanake, du!!"

„Was soll das denn heißen", schreie ich rüber, „unser neuer Pflegesohn hat wohl ganz schlechten Einfluß auf dich!"

„Nein, Osman, Kanake warst du schon immer. Kein Respekt vor Frauen, keine Zärtlichkeit, Zuhause immer die Sau rauslassen, im Stehen im Klo rumpinkeln, dabei in der Nase bohren. Und sich wie ein Beinamputierter benehmen!"

„Was soll das denn schon wieder heißen?!"

„Das heißt, daß du Mistkerl dich von vorn bis hinten bedienen läßt!"

„Aber Frau, andere Leute nennen so was höchstens Pascha."

„Kanake ist die deutsche Übersetzung davon!"

„Ding dong, ding dong!"

„Osman, jetzt kannst du doch die Tür aufmachen, es ist doch Halbzeitpause. Außerdem schneit es draußen fürchterlich. Die armen Leute frieren sich bestimmt den Arsch ab!"

„Frau, hör auf zu spinnen und mach die Tür selber auf", rufe ich mit einer dicken Beule am Kopf gen Schlafzimmer.

„Nein, mach ich nicht! Wenn du Kanake unbedingt willst, daß die Tür aufgemacht wird, dann mach das entweder selber oder ruf den Schlüsseldienst an!"

Ich stehe auf und suche im Telefonbuch einen Schlüsseldienst heraus und rufe an.

„Hier ist Osman Engin von Karnickelweg 7 b! Bitte helfen Sie mir. Meine Frau macht hier die Tür nicht auf."

„Also Herr Engin, dafür gibt es normalerweise nur zwei Gründe: Entweder Sie haben zuviel gesoffen oder Sie waren bei Ihrer Geliebten! In solchen Fällen kommen wir nicht mehr. Durch tieffliegende Nudelhölzer habe ich bereits zwei meiner besten Leute verloren."

Frustriert rufe ich gleich bei der Polizei an.

„Bitte helfen Sie mir! Ich habe den Verdacht, daß meine Frau mich umbringen will", flüstere ich.

„Tut mir leid, nur auf den bloßen Verdacht dürfen wir nicht kommen. Sonst wären wir den ganzen Tag auf Familienbesuch."

„Und wenn sie mich umgebracht hat?!"

„Dann rufen Sie noch mal an und verlangen nach Wachtmeister Herbert, der ist heute für ermordete Ehemänner zuständig."

In dem Moment sehe ich, wie meine Frau zehn Zentimeter an der Wohnungstür vorbeistreicht und ins Klo geht. Jetzt kommt sie wieder zurück. Nein, sie bleibt stehen. Streckt den Arm aus. Faßt die Türklinke an. Sagt: „Die Türen müßten auch mal wieder sauber gemacht werden", und geht weiter ins Schlafzimmer.

„Frau, du bist doch aus dem Alter heraus, so trotzig zu sein. Du bist doch kein Kind mehr. Also sei jetzt vernünftig und mach die Tür auf."

„Osman, ich bin nicht dein verstorbener Buttler! Du Kanake!"

Oh Allah, du bist doch sonst so weise, bitte zeige mir einen geeigneten Ausweg, wie ich diese blöde Tür aufkriegen kann, ohne meine geliebte männlich Ehre zu verlieren. Sonst verlieren wir die dämlichen Leute vor der Tür. Die sterben uns noch draußen vor Kälte.

Soll ich einen Tunnel graben? Oder meine Schwiegermutter zu Besuch einladen? Die kriegt jede Tür auf. Das hat sie sogar geschafft, als ich den großen Wohnzimmerschrank davor geschoben habe. Oder soll ich mich an der Türklinke aufhängen? Aber so kurze Beine habe ich auch wieder nicht! Obwohl ich ständig lüge!

Kaum habe ich meine Gebete beendet, schon werden sie erhört. Plötzlich geht die Tür ganz von alleine auf. Allah sei gepriesen, und Mohammed ist sein Prophet! Amen.

Mein Sohn Mehmet kommt herein und macht die Tür wieder zu. Er schüttelt sich den Schnee vom Mantel und flucht: „So ein Mistwetter!"

„Mehmet, hast du draußen niemanden gesehen?" fragen wir beide überrascht. „Nicht einmal zwei Tote?"

„Nein", sagt Mehmet, „draußen ist kein Mensch. Aber Hatice hat idiotischerweise gleich zwei Schneemänner genau vor unserer Haustür gebaut!"

Meine Frau und ich schauen uns gegenseitig entgeistert an. Wir laufen blitzschnell nach draußen. Aber es gibt wirklich keinen Grund zur Aufregung. Es stehen tatsächlich nur zwei Schneemänner vor der Tür.

Allerdings hat der männliche Schneemann einen ausgestreckten Arm, als wolle er mit dem Finger auf irgendwas drücken!

Chiffre: Gigolo Osi

Seit gestern klingelt ständig mein Telefon. Vor zwei Tagen ist meine Frau zusammen mit unseren Kindern in die Türkei in Urlaub gefahren. Kurz vor ihrer Abreise habe ich folgende Kontaktanzeige bei der Zeitung aufgegeben: „Er, 52, Sportsmann, gut gebaut, romantisch, gutaussehend, selbstbewußt, zärtlich, intelligent, gänzlich ungebunden, Mann von Welt, sucht Sie – Alter, Aussehen und Intelligenz relativ unwichtig –, um mit ihr ins Bett zu gehen. – Telefon: 3 51 …, abends öfter versuchen. Chiffre: Osi."

Alle Anruferinnen fragen – manchmal rufen sogar auch Männer an –, ob ich noch frei sei. Und mit der Frau, die die schönste Stimme am Telefon hatte, habe ich mich für heute abend verabredet.

Nach der hundertsten Anruferin war ich moralisch aufgerichtet. Meine Ehefrau, die zweitgrößte Nervensäge des Mittleren Orients, hatte in der letzten Zeit mein Selbstwertgefühl völlig ruiniert.

Ständig wirft sie mir solche Sachen an den Kopf wie: Wenn sie schon damals so schlau gewesen wäre wie heute, hätte sie mich nie geheiratet – und wenn ich der einzige Mann auf der ganzen Welt gewesen wäre. In dem Fall hätte sie lieber auf einen Marsmenschen gewartet. Nach mehr als 25 Jahren nimmt sie es mir immer noch übel, daß ich zu unserem ersten Treffen inklusive Verlobung einen hübschen Freund von mir geschickt hatte und erst zur Trauung persönlich auftauchte. In ihren Augen soll das Betrug gewesen sein. Wie kann man das nur so eng sehen. Meiner Meinung nach war mein Handeln völlig legitim. Schließlich packt jeder Kaufmann die schönen und reifen Gurken nach oben, und die vergammelten nach unten. Da fragt sie mich immer, was ich denn mit einer Gurke gemein hätte.

Aber die vielen Anruferinnen haben mein Selbstbewußtsein gerettet. Ich finde mich jetzt viel hübscher als Sylvester Stallone, Alain Delon, Marilyn Monroe und Helmut Kohl zusammen. Naja, Helmut hat seine Vorzüge und ich die meinen!

Endlich klingelt es an der Tür. Den Flur zwischen Tür und Schlafzimmer habe ich mit roten Rosen zugeschüttet. Bei Allah, dieses Mädchen vor der Tür ist noch viel hübscher, als ihre Stimme am Telefon ahnen ließ. Sie ist mit Abstand die schönste Frau, die meine Wohnung seit dem Mauerbau betreten hat. In Deutschland wird in letzter Zeit alles nach dem Mauerbau berechnet. Aber so alt wie die Mauer ist meine hübsche Eroberung noch lange nicht.

Damit sie nicht auf die Rosen treten muß, kommt sie hüpfend herein. Und verschwindet gleich im Schlafzimmer. Die muß es aber nötig haben. „Mein Gott, seit mehr als zwei Jahren suche ich schon," sagt sie. Wenn ich das gewußt hätte, hätte ich schon damals meine Frau mit den Kindern in die Türkei zurückgeschickt.

Ich rufe ihr zu: „Machen Sie es sich schon mal bequem, ich lege mich gleich dazu." Aber sie kommt aus dem Schlafzimmer wieder raus und schaut in die Küche.

„Warum gehen Sie denn in die Küche", frage ich. „Oder wollen wir vorher noch was essen?"

„Diese Küche ist aber klein geraten", meint sie.

„Das macht nichts. Dafür haben wir ein großes Schlafzimmer – mit Wasserbett."

Sie marschiert ins Wohnzimmer, ich hinterher. Sie setzt sich mir gegenüber hin und schlägt die Beine übereinander, und das mit diesem kurzen Rock. Was hat sie vor?

„Werden wir mal konkret. Was wollen Sie an Geld haben?" fragt sie. Bei Allah, sie will mich dafür auch noch bezahlen!! Was soll ich denn jetzt bloß antworten?! Wenn ich nichts dafür haben will, dann fällt mein Wert ins Bodenlose.

„Wieviel könnten Sie mir denn geben?" frage ich diplomatisch.

„600 Mark könnte ich bezahlen."

600 Mark also. Wenn ich noch vier andere Frauen mit solchem Bedürfnis finde, dann brauche ich nicht mehr zu arbeiten.

Ich verdrehe die Augen, lasse meine Muskeln spielen und sage: „Sind 600 Mark nicht ein bißchen wenig für das, was hier geboten wird?"

„Also 650 Mark, mehr kann ich mir nicht leisten."

„Sie machen das alles wegen meiner exotischen schwarzen Haare, nicht wahr?"

„Nein, eigentlich mehr wegen der Lage."

„Die Lage und die Position dürfen Sie bei mir immer bestimmen." Ich stehe auf, und setze mich zu ihr auf die Couch.

„650 Mark", sagt sie wieder und schaut mich erwartungsvoll an.

Ich kann sie nicht länger leiden sehen und lege meinen Arm um ihre zarte Schulter. Mit der anderen Hand versuche ich, elegant die Bluse zu öffnen, und mit der nächsten Hand... Wie schade, daß man nur zwei Hände hat. Sie steht auf und setzt sich weiter weg auf den Stuhl. Wie seltsam, die Rolle des schüchternen und unschuldigen Mädchens spielen die Frauen selbst dann, wenn sie selber dafür bezahlen. Also gut! Wenn sie es so haben will, dann spiele ich eben mit.

„Ist das etwa das erste Mal für Sie?" frage ich. „Ja!"

Allmählich spiele ich ernsthaft mit dem Gedanken, mich von meiner Frau scheiden zu lassen. Da fällt mir ein, daß ich in der Anzeige „völlig ungebunden" geschrieben hatte. Würde sie denn meine fünf Kinder in die Ehe mitnehmen wollen?

„Welche Pläne haben Sie denn in bezug auf Kinder? Oder lieben Sie Hunde mehr?"

„Solange sie nicht mir gehören, habe ich damit keine Schwierigkeiten."

„Sie wissen, wie man Männer glücklich macht", sage ich und setze mich auf ihren Schoß. Eine Sekunde später sitze ich auf dem Fußboden.

Mein Engelchen möchte die Rolle der Schüchternen weiter spielen. Bitte sehr, von mir aus. Ich habe vier Wochen Zeit, bis meine Familie aus der Türkei wiederkommt. Sie ist es doch, die mich bezahlt. Wenn sie mich aber noch lange ärgert, dann werde ich die Rosen mit auf die Rechnung setzen.

Ich halte mich an ihrem Rock fest und ziehe mich langsam an ihr hoch. Warum bemühe ich mich eigentlich so um sie? Ich gehe ganz weit weg, und setze mich in die Ecke. Es soll sowas wie ein Vorspiel geben, habe ich gehört. Das wird es wohl sein.

„Sind Sie nun mit den 650 Mark pro Monat einverstanden?" ruft sie zu mir rüber.

„Ich würde es sogar ein Jahr lang für 650 Mark machen!"

„Ich werde verrückt. Das wären ja noch nicht mal 60 Mark im Monat!"

„Ich bin nun mal von Natur aus so großzügig, meine Dame."

„Schön, dann lassen Sie uns gleich hier den Vertrag machen."

Welch eine Bürokratie in Deutschland! Die machen hier sogar Verträge, wenn sie mit jemandem ins Bett wollen. Ich hole Papier und Stift und setze den Vertrag auf.

„Wenn ich fragen darf, wie heißen Sie?" „Sophia Laron." Ich lese den Vertrag laut vor: „Hiermit bescheinige ich, daß ich, Osman Engin, ab sofort für insgesamt 650 Mark, alles inklusive, ein Jahr lang jeden Tag mit Sophia Loren ins Bett gehen werde."

Von so einem Vertrag können meine Freunde nur träumen!

„Soweit kommt's noch, daß ich mit jemandem schlafe, um endlich den Mietvertrag für eine Wohnung zu bekommen! Sie Ferkel, Sie", schreit sie mich an.

„Wohnung? mieten? warum? wen? was? wieso?"

Wütend knallt sie die Zeitung auf den Tisch und stürmt aus der Wohnung. Die letzte Zeile meiner Kontaktanzeige ist aus Versehen in der Rubrik ‚Vermietungen' abgedruckt worden: „Telefon 3 51 … abends öfter versuchen. Chiffre: Osi."

Sie hatte doch alles

Seit Tagen heult der Peter von unserer Versandabteilung nur noch bei der Arbeit. Er heult nicht nur in den Pausen, sondern während der gesamten Arbeitszeit. Erst dachte ich, der hätte Heuschnupfen oder sein Auto wäre kaputt. Als er nach drei Tagen immer noch heulte, glaubte ich, den Grund zu kennen: Der Meister hat bestimmt seinen Urlaub nicht genehmigt. Aber nein, der Peter aus der Versandabteilung heulte eine ganze Woche lang nur, weil seine Ehefrau ihm weggelaufen war. Als ich das mitbekam, war der Kollege bei mir unten durch. Wegen eines so albernen Grundes alle in der Fabrik eine Woche lang so neugierig zu machen. Man konnte ihn die ganze Zeit seufzen hören: „Sie hatte doch alles, sie durfte doch alles."

„Hast du denn keine andere mehr auf Lager?" will ich von Peter wissen, um ihn aufzumuntern.

„Was denn?" fragt er zurück, mit rotunterlaufenen, total verheulten Augen.

„Na was schon, eine Frau!"

„Aber sie ist doch weggelaufen", schluchzt er und macht

wieder das, was er schon seit einer Woche macht: nämlich weiterheulen.

„Glaubst du, von der Sorte gibt es nur ein Exemplar auf
der Welt. Hast du denn keinen Ersatz, hier oder da oder
an der Ecke oder wo?"

„Am Wochenende habe ich ihr sogar beim Abwaschen
geholfen", wimmert er und schneuzt seine Nase.

„Waaaas?" schrei ich auf, alle in der Fabrikhalle drehen
sich nach uns um. „Dann ist es kein Wunder, daß sie
abhaut. Wenn du dich wie ein Weib aufführst! Glaubst
du, ich würde bei meiner Frau bleiben, wenn sie plötzlich anfängt, sich wie ein Mann zu benehmen? Stell dir
das mal im Bett vor!"

Peter erzählt mir jetzt mindestens zum 3875sten Mal,
„aber sie hatte doch alles, sie durfte doch alles. Vor
einem halben Jahr habe ich ihr sogar erlaubt, für eine
Woche alleine zu ihrer Schwester nach Hamburg zu fahren!"

Ich kann nicht glauben, was ich höre. Ich bin so entsetzt, ich brauche etwas, um mich festzuhalten. „Peter,
alter Junge, hör auf zu heulen und spring in den Hochofen. Es ist alles deine eigene Schuld. Du hast als Mann
vollkommen versagt. Einer Frau darf man nicht so viele
Freiheiten geben. Mein alter Vater – Allah hab' ihn selig
– pflegte immer zu sagen, ‚Frauen haben lange Haare,
aber kurzen Verstand'."

Ich kann nicht mit ansehen, wie sich dieser junge Mann
selbst zugrunde richtet. In der Mittagspause nehme ich
ihn mir zur Seite. Der Bursche hat sein ganzes Leben
noch vor sich. Ich weiß, er kann von einem alten Türken wie mir, zumindest was Frauen angeht, viel lernen.
Mit tiefer männlicher Stimme – so wie ich halt immer
rede – kläre ich ihn auf. „Meine Frau hat mich in der

Hochzeitsnacht gefragt, welchen Männern sie sich ohne Schleier zeigen darf. Nur mir, sagte ich. Und das nur in der Nacht, wenn das Licht aus ist. Das sagte ich nicht, weil sie damals schon so häßlich war. Es gibt sowieso keine hübschen oder häßlichen Frauen. Es gibt nur gehorsame oder böse Frauen. Sei doch froh, daß du deine Alte los bist. Ab sofort kannst du dir eine neue Frau aussuchen. Ich hoffe, du weißt jetzt, welche drei Eigenschaften Ehefrauen haben müssen: Sie muß ohne zu klagen der Arbeit, Kälte und Prügel standhalten. Nur dann wird sie eine gute Ehefrau. Ein türkischer Familienrichter sagte erst neulich. ‚Eine richtige Frau braucht ständig die Schläge ihres Mannes auf den Rücken und die Babys im Bauch'. Da ist was Wahres dran. Dadurch haben die Frauen keine Zeit, um auf dumme Gedanken zu kommen."

„Aber sie hatte doch alles, sie durfte doch alles. Ich hatte nichts dagegen, daß sie einmal im Monat zum Kaffeekränzchen ging."

Das darf doch nicht wahr sein. Ich schlage die Hände über dem Kopf zusammen. Der Kerl soll doch froh sein, daß seine Frau nicht gleich am ersten Tag weggelaufen ist. Ich rede mit meiner beeindruckend männlichen Stimme weiter: „Zu Hause habe ich drei Sachen, die ich ständig benutze und die immer anspringen, wenn ich es will. Erstens mein Fernsehgerät mit Fernbedienung. Zweitens meinen Rasierapparat mit Langhaarschneider. Und drittens meine Frau mit fünf Kindern. Beim Fernseher und Rasierapparat kann ich mir nicht immer ganz sicher sein, manchmal funktionieren sie nicht. Aber bei meiner Frau weiß ich es ganz genau: Sie springt immer an. Auch bei minus 30 Grad!"

„Aber sie hatte doch alles, sie durfte doch alles."

„Allah bewahre, wenn meine Frau von zu Hause abhauen würde – sie kann es ja gar nicht mit ihrem kurzen Verstand – aber nur mal angenommen, sie würde abhauen ... Ach nein, das kann ich mir nicht mal vorstellen. Nehmen wir doch mal lieber an, ich komme heute nach Hause, und sie steht nicht mit meinen Hausschuhen an der Tür bereit. Das wäre schon ein Ding. Aber nehmen wir nur mal weiter an, sie hätte dann heute nicht gekocht. Weißt du, was ich dann mit der Alten machen würde. Weißt du nicht? ... Na dann heul' mal weiter."

Nach der Schicht verlasse ich nicht ganz ohne Stolz die Fabrik. Diese deutschen Männer haben noch viel von uns zu lernen. Das geht aber nicht von heute auf morgen. Alles braucht seine Zeit. Ich mache wie jeden Freitag einen kleinen Umweg am Bordell vorbei. Und gehe dann erleichtert und zufrieden nach Hause. – Aber die Bordellfrauen sind auch nicht mehr das, was sie früher mal waren.

Zu Hause finde ich auf dem Küchentisch statt des Essens lediglich einen Zettel. „Osman, ich kann dich nicht mehr aushalten! Ich gehe weg! Die Kinder nehme ich mit ins Frauenhaus! Suche dir eine andere Sklavin! Du Tyrann!!!"

Engin gegen Engin

Es ist aus! Die zweitgrößte Nervensäge des Mittleren Orients und ich haben uns gestern scheiden lassen. Und dies nach 25 Jahren Eheleben und fünf gemeinsamen Kindern – das ist natürlich nur eine Spekulation von mir, daß alle diese Kinder von uns beiden gemeinsam sind. Ich habe da so meine Zweifel! Insbesondere bei Mehmet, unserem dritten. Der ist irgendwie ganz anders als ich, viel intelligenter und auch noch hübscher. Werter Leser, Sie werden jetzt natürlich sofort sagen: „Das geht doch gar nicht, daß ein Mensch noch intelligenter und hübscher als Osman ist." Doch, doch, es geht! Ich kann's auch kaum glauben. Aber seit Mehmet muß ich der Wahrheit ins Gesicht sehen.

Es ist nicht so, wie noch vor zwei Jahren, als Eminanim zur Kur ins Frauenhaus gegangen ist. Wir haben uns wirklich endgültig scheiden lassen, mit allem drum und dran. Gerichtlich und religiös. Der Koran liefert die Scheidung nach einer wesentlich unbürokratischeren und preisgünstigeren Methode als die weltlichen Gerichte. Ich brauchte nämlich nur dreimal laut hintereinander zu rufen: „Ich bin geschieden, ich bin geschieden, ich bin geschieden!"Sich gerichtlich scheiden zu lassen war dagegen schrecklich umständlich und vor allem wahnsinnig teuer. Aber die Familie Engin – ich – hat keine Mühen und Kosten gescheut, um sich endgültig scheiden zu lassen. Länger als 25 Jahre kann kein Magen angebrannte Bohnensuppe ertragen! Diese Scheidung war reine Notwehr. Das hat der Richter auch sofort eingesehen.

An dieser Stelle möchte ich mich vor der ganzen Welt dafür entschuldigen, daß ich meine Leser ständig mit der Existenz meiner Frau tyrannisiert habe. Doch Sie, lieber Leser, tragen daran keine Mitschuld. Ich alleine war schuld, weil ich sie freiwillig geheiratet habe. Vielleicht tragen meine Eltern noch Mitschuld, weil sie in diesem Fall etwas fahrlässig gehandelt haben. Ein bißchen Mitschuld an dieser Heirat hatten auch die langen Messer von ihren kurzen Brüdern. Und die Schrotflinte des Schwiegervaters in meinem Rücken war damals auch ein sehr überzeugendes Argument.

Aber Sie, liebe LeserInnen (das mit den ‚Leser-Innen' ist zwar blöd, aber es tut meinem Zeilenhonorar gut, insbesondere wenn man es ständig wiederholt. Außerdem gibt es mir einen fortschrittlichen und emanzipatorischen Tatsch. Abgesehen davon soll es wirklich Frauen geben, die so was wichtig finden.) Ich konnte es nicht mehr verantworten, Sie, liebe LeserInnen, noch länger mit der zweitgrößten Nervensäge des Mittleren Orients zu belästigen. Ich konnte es nicht länger ertragen, daß Sie, liebe LeserInnen, für eine Tat büßen, die Sie, liebe LeserInnen, gar nicht begangen haben.

Ich bitte die ganze Welt – incl. Bremen-Altstadt – um Entschuldigung. Aber ich war damals vor 25 Jahren wirklich sehr jung. Und für diese Sünde – Heirat – habe

84

ich bitter büßen müssen. Diese Scheidung ist späte Rehabilitierung für mich. Wenn es noch einen Funken Gerechtigkeit auf dieser Welt gibt, dann müßte ich eine Wiedergutmachung als Schadensersatz für dieses endlose Leiden erhalten. 25 Jahre lang habe ich auf die elementarsten Menschenrechte verzichten müssen: freie Meinungsäußerung, Versammlungsfreiheit (mit Freunden in der Kneipe) und das Recht auf nicht angebrannte Bohnensuppe. Noch diese Woche werde ich die Menschenrechtskommission bei der UNO konsultieren.

Das Teilen des gesamten Haushalts, incl. der Möbel, war relativ einfach. Ich bin nämlich nicht so. Die Frau kann aus unserer Wohnung mitnehmen, was sie will. Alles, das heißt natürlich: alle ihre Kleider. Ich will keinen von ihren Röcken behalten. Außerdem werde ich bestimmt nicht nochmal eine Frau heiraten, die BH-Größe 140 Z (Sonderanfertigung) hat.

Aber die Kinder aufzuteilen, war dann doch etwas problematisch. Ich hätte natürlich sagen können, die Jungen bekomme ich, die Mädchen kannst du behalten. Aber das sage ich nicht, das denke ich nicht mal. Es wäre wirklich etwas chauvinistisch. Ich hätte natürlich auch sagen können, die Intelligenten und Hübschen behalte ich, und die Guterzogenen bekommst du. Aber dann hätte sie überhaupt nichts abbekommen. Wie gesagt, sie sind alle intelligent und hübsch, schließlich bin ich der Vater. Nur den Mehmet, den kann sie mitnehmen und bei seinem richtigen Vater abgeben. Schließlich einigten wir uns darauf zu losen, wir steckten die Kinder in einen heißen Topf – bzw. die Zettel mit ihren Namen drauf. Erst als sie drei Kinder absahnte und ich nur zwei – einer davon war auch noch Mehmet – kam ich dahinter, daß diese Lösung auch irgendwie ungerecht war. Unser Problem ist, daß wir fünf Kinder haben. Eine ungerade Zahl. Ich hatte deshalb die grandiose Idee, jeder von uns bekommt zwei Kinder und den fünften - den Mehmet – geben wir zur Adoption (bzw. zum Abschuß) frei.

Dann machte diese Frau den schwachsinnigen Vorschlag, daß die Kinder selber entscheiden sollen. Aber kurz danach merkten wir, daß diese Idee auch nicht gut war. Es ist nämlich albern, den 25jährigen Recep, mit seinem Schnurrbart und der Lederjacke, auf den Fußboden zu stellen und dann von beiden Seiten zu rufen: „Recep, komm zu Papi", „Recep, komm zu Mami!" So als hätte er gerade laufen gelernt. Vermutlich wäre er sowieso nicht zu einem von uns gegangen, sondern zu seiner Frau. Da geht er schließlich seit vier Jahren ständig hin.

Die Kinder durch die Mitte in zwei Stücke zu teilen fand meine Frau nach längerem Überlegen etwas brutal. Auf so eine bescheuerte Idee könne nur Osman kommen, sagte sie. Selbst meine Tochter Hatice meinte, sie würde lieber ganz bleiben und dafür auf Papi verzichten. Womit ich gemeint war. Und meine ständigen Versuche, die Kinder, unbemerkt von der Weltöffentlichkeit zu bestechen, wurden von meiner Frau – ex – jedesmal erfolgreich vereitelt.

Letzten Endes einigte ich mich darauf, die Kinder selbst entscheiden zu lassen, und zwar jeweils an ihrem 48. Geburtstag. Denn kein Kind der Welt würde es bei dieser Mutter schaffen, früher als mit 48 Jahren selbständig und mündig zu werden.

Egal wie, wir müssen bald eine Lösung finden. Denn ich kann nicht länger mit dieser Nervensäge unter einem Dach leben.

Als wir gestern die Scheidungsurkunde bekamen, flippte sie völlig aus und schrie mich hysterisch an: „Osman, damit du es weißt, alle meine Orgasmen der letzten 25 Jahre waren nur vorgespielt, du elender Versager!"
Aber ich konterte, ohne rot zu werden: „Mach dir nichts draus, meine auch!!"

Wilde Ehe

OSMANS SCHEIDUNG II

Bei Allah, soll ich denn diese Frau nie loswerden?! Ich habe mich doch bereits scheiden lassen, was soll ich sonst noch tun?! Soll ich mich erschießen oder besser sie? Oder soll ich etwa den dritten Weltkrieg anzetteln?!

Nur, wer kann mir garantieren, daß ich diese Frau im Jenseits nicht schon wieder am Hals habe?! Sich scheiden lassen ist entschieden einfacher zur Zeit, als sich zu trennen. Die Gerichte sind nämlich nicht so voll wie der Wohnungsmarkt. Es ist momentan unmöglich, eine Wohnung zu finden. Und obwohl wir geschieden sind, bleibt uns wegen der Wohnungsnot nichts anderes übrig, als trotzdem weiter zusammen zu wohnen.

Das bedeutet: Ich führe mit meiner Ex-Ehefrau, dieser zweitgrößten Nervensäge des Mittleren Orients, eine Wilde Ehe.

Eine Wilde Ehe im wahrsten Sinne des Wortes. Wilder als im Wilden Westen. Mindestens dreimal am Tag beschimpft sie mich mit den wildesten Schimpfwörtern. Immer nach den Mahlzeiten bin ich fällig. So, als ob der

Arzt ihr dies als Therapie verordnet hätte. Seit Wochen geht das so. Dreimal täglich.

„Du taube Nuß!"

„Frauenschänder, Triebtäter!"

„Größter Tyrann aller Zeiten!"

„Vollidiot!"

„Du elender Versager!"

„Du dummes Arschloch!"

„Du bist zu doof, um alleine aufs Klo zu gehen!"

Zum Glück hält meine Tochter Hatice öfter zu mir und verteidigt mich manchmal.

„Mami, sei nicht ungerecht, alleine aufs Klo kann er schon!"

Meine Exfrau kann sich aber immer noch nicht beruhigen. Sie tobt und schreit. Sie donnert das bruchfeste Plastikgeschirr an die Küchenwand. Porzellan haben wir schon lange nicht mehr.

„Das eine will ich dir sagen, Osman, die zweite Silbe in deinem Namen reicht alleine nicht aus, um ein richtiger Mann und Familienvater zu sein!"

„Was soll das heißen? Bin ich etwa kein richtiger Mann, weil ich nur ein 'n'habe?!"

Ich kann mir beim besten Willen nicht vorstellen, warum dieses Weib einen so tollen Mann wie mich nicht liebt! Ich liebe mich doch selber auch. Sie sollte sich ein Beispiel an mir nehmen. In mir keimt ein grausamer Verdacht, als ich ihr vor einem Jahr ganz liebevoll sagte, „Liebling, wir sind schon 25 Jahre miteinander verheiratet", und sie nur meinte, „stimmt das wirklich, Osman? Mir kommt es schon viel länger vor!" Ich glaube, das war damals doch nicht als Kompliment gedacht.

Als ich heute nach dem Abendessen auf meinen Nachtisch warte (ofenfrische Schimpfwörter in fliegendem

Plastikgeschirr), meint meine Frau: „Das macht 31 Mark 50, inklusive Mehrwertsteuer."

„Seit wann kostet es denn Geld, sich beschimpfen zu lassen!"

„Das ist der Preis für das Abendessen! Die Frikadellen mit gebratenen Auberginen in Tomatensoße kamen auf 12 Mark 50; die Linsensuppe macht fünf Mark; die gemischte Salatplatte kostet sechs Mark und Reis mit Pilzsoße als Tagesmenü nur neun Mark. Bei den Mengen, die du frißt, müßte ich dir eigentlich doppelte Portionen berechnen."

„Halt, was soll das heißen? Seit wann muß ich denn für das Essen in meinen eigenen vier Wänden Geld bezahlen?"

„Ab heute! Wir haben einen getrennten Haushalt. Ich bin nicht mehr deine Ehefrau. Du wohnst bei mir zur Untermiete! Für Wäschewaschen, Putzen, Spülen und Kinderbetreuen werde ich dir noch eine Extrarechnung anfertigen. Nach einer Untersuchung kostet die Arbeit einer Hausfrau im Monat durchschnittlich 5 000 Mark. Stell dich schon mal darauf ein."

„Aber wie soll ich denn mit meinen 2 000 Mark netto ein Hausfrauengehalt von 5 000 Mark bezahlen.?!"

„Such dir doch noch einen Job. An den Wochenenden und nachts hast du doch Zeit."

„Willst du kandidieren oder was! Du redest schon wie die Regierung. Meine Stimme bekommst du nicht."

„Du Scheiß-Kanaker, du hast sowieso kein Wahlrecht!"

„Laß mich in Ruhe. Ich will keinen Streit. Ich will einen Tee."

„Das Kännchen kostet 4 Mark 80."

„Das ist eine bodenlose Unverschämtheit. Nicht mal im türkischen Cafe kostet der Tee mehr als eine Mark."

„Keine Diskussion. Tee gibts ab heute nur gegen Bar-
zahlung."

Oh, Allah, nimm bloß diese Frau weg vor meinen
Augen. Ich halte es nicht mehr aus!

„Was ist nun, willst du Tee haben oder nicht? Du elender Schmarotzer!"

Das wars! Das reicht! Mit dieser Schlange rede ich kein
Wort mehr. Deshalb sage ich zu meiner Tochter:

„Hatice, frag' doch mal diese Frau da, die von sich
behauptet, deine Mutter zu sein, was hier denn eine
Tasse Kaffee kostet?"

„Mama, Papa will wissen, was Kaffee kostet!"

„Sag dem Kerl, der von sich behauptet, dein Vater zu
sein, daß er sich die ‚Mama-Papa-Masche' abschminken
kann. Auf die Beziehungstour bekommt er hier nicht
mal Strohhalme billiger. Die Tasse Kaffee kostet ab
heute 2 Mark 50!"

„Hatice, frag diese orientalische Halsabschneiderin, ob
ich kostenlos Leitungswasser trinken kann?"

Hatice hat Erbarmen mit mir. „Mama, bitte, der Papa ver-
durstet gleich. Kann er Wasser haben?"

„Sag ihm, auf die Mitleidstour läuft hier erst recht
nichts. Kostenlos gibt's hier überhaupt nichts mehr für
den!"

Inzwischen hasse ich meine Frau fast genauso wie die
Gewohnheitsverbrecher, die sich Wohnungsmakler
nennen. Um weder der einen noch den anderen ausge-
liefert zu sein, nehme ich mein Schicksal selbst in die
Hand: ich beantrage politisches Asyl mit der Begrün-
dung, daß ich Zuhause verfolgt werde. In meiner Wohnung bin ich ständigem Psychoterror ausgesetzt. Alle
Beamten bei der Asylbehörde weinen und schluchzen,
als ich meinen Fall schildere. Aber diese guten Men-

schen können selbst ihrem Lieblings-Asylbewerber (Osman E.) keinen Schlafplatz anbieten.

In meiner Not rufe ich meinen Meister von Halle 4 an. Er ist mit meinem Vorschlag einverstanden, im Pausenraum von Halle 4 zu wohnen.

Endlich ein angenehmes Zuhause! Ich habe unseren Pausenraum gemütlich eingerichtet. Alles Lebensnotwendige habe ich dabei: Schlafsack, Fernsehsessel, Wasserpfeife, Videorecorder, Pantoffeln, zwei Pornofilme und den Springbrunnen stelle ich auf den Frühstückstisch. Wie gut habe ich es doch hier! Durch den 3-Schicht-Betrieb in Halle 4 habe ich 24 Stunden lang Besuch von netten Kollegen, mit ihren Thermoskannen und Butterbroten in meiner Wohnung. Alle zwei Stunden gehts bei mir zur Pausenzeit hoch her. Selbst die Tasse Kaffee aus dem Automaten ist hier billiger als bei meiner Exfrau.

Bereits am zweiten Tag gebe ich meine Einweihungsparty für die Kollegen von der Nachtschicht.

Das einzige, was mich wirklich an meinem neuen Zuhause stört, ist, daß ständig irgendwelche Leute in meiner Wohnung rumhängen, während ich selber am Fließband arbeiten muß. Als ich auch noch feststelle, daß diese Vollidioten heimlich meine Pornofilme angucken, da habe ich die Nase gestrichen voll.

Mein gütiger Meister ist dann auch mit meinem neuen Vorschlag einverstanden: Ich darf mir auf unserem Werksgelände ein neues Zuhause suchen. Noch heute abend werde ich mit all meinen Sachen in den Hochofen umziehen.

Oh Allah, halt die Welt an!

Osmans Scheidung III

Und es regnet Schlangen vom Himmel. Aber es sind keine gewöhnlichen Schlangen. Diese Schlangen haben Löwenköpfe, Adlerschwingen und Riesenklauen. Mensch und Tier versuchen verzweifelt sich zu verstecken. Die wenigen, die sich retten können, müssen ansehen, wie hilflose Menschen von den Adlerschlangen weggeschleppt werden ... Die große Flut verwüstet das Land. Das ganze Land ist unter Wasser. Riesige Häuser werden wie Streichholzschachteln weggespült ... Vulkanische Erdbeben zerreißen die Erdoberfläche. Die gequälte Erde stöhnt. Das starke Erdbeben reißt meilentiefe Kluften in den Boden (eine Meile ist etwas länger als 120 Meter, das zur Orientierung). Die Menschen, die ins Freie flüchten, um nicht in den Häusern zu ertrinken, fallen entweder in diese kochende Lava oder werden von den riesigen Adlerschlangen zerfetzt. Aber das sind keine normalen Adlerschlangen, so wie wir sie von Funk und Fernsehen kennen, sondern die ganz bösen ... Und dann noch diese gewaltige Feuerwalze, die die wenigen Häuser, die Überschwemmung und Erdbeben überstanden haben, innerhalb von Sekunden in Schutt und Asche verwandelt …

Ich denke, an so einem Tag, genau an so einem verfluchten Tag, an dem der liebe Gott mit dem linken Fuß zuerst aufgestanden ist, an so einem Tag muß ER meine Exfrau erschaffen haben.

Nachdem die Wohntemperatur im Hochofen unserer Fabrik selbst für mich etwas zu hoch war, habe ich wieder angefangen, verzweifelt eine Wohnung zu suchen. Stellt euch vor, selbst mir als Südländer war es in diesem Hochofen zu warm. Und wenn ich da drin nicht wohnen kann, dann kann da keiner wohnen! Hochöfen sind definitiv als Wohnräume nicht geeignet. Die können die Hochöfen doch glatt schließen. Man kann bestenfalls Stahl darin kochen.

In meinem Stief-Vaterland, dem großen vereinigten Deutschland, finde ich vom Rhein bis zur Neiße kein einziges Dach, unter das ich meinen Kopf stellen könnte. Da bleibt mir gar nichts anderes übrig, als wieder bei meiner Exfrau zur Untermiete zu wohnen. Und das, obwohl sie für ein Abendessen 31 Mark 50 und für Tee 4 Mark 80 berechnet.

„Aber jetzt muß ich die doppelte Miete kassieren, Osman. Du weißt ja Bescheid, Wohnungsnot und so, wegen der vielen Ostdeutschen", sagt Eminanim zu mir. „Was soll's, ich habe keine andere Wahl." Osi leidet wegen Ossis!

Ich hätte mir eigentlich viel lieber gewünscht, daß sich die BRD mit Libyen vereinigt. Das hätte wenigstens Sinn gemacht: erstens billigeres Benzin, zweitens jede Menge Sand und jede Menge Urlaubssonne. Die deutsche Chemieindustrie könnte dann auch endlich anständige Giftgasfabriken im eigenen Land bauen, ohne dieses alberne Versteckspiel. Abgesehen davon, wären Kohl und Gaddhafi ein viel hübscheres Pärchen.

„Sag", will Eminanim von mir wissen, „was hast du am meisten zu Hause vermißt?" Eine Fangfrage! Das ist eine Prüfung! Diese Hürde muß ich schaffen.

„Deine ekelhafte angebrannte Bohnensuppe", sage ich natürlich nicht. In 25 Ehejahren bin ich schlau geworden. Frauen sind zu schnell gekränkt. Ich will nicht, daß sie schon wieder rumbrüllt. Das war auch der Grund, warum ich 25 Jahre lang immer gesagt habe, daß mir ihre angebrannte Bohnensuppe gut schmeckt. Als Kavalier der alten Schule sage ich: „Dein tolles Essen war es, daß ich am meisten vermißt habe."

„Du bist völlig inkompetent, ein Urteil über meine Kochkünste abzugeben", sagt sie, „du mit deinem perversen Geschmack! Du bist der einzige Mensch, der angebrannte Bohnensuppe mag. Und das am liebsten jeden Tag."

Bei Allah, auch das noch! Sie hat's absichtlich gemacht! Sie hat absichtlich jedesmal die Bohnensuppe anbrennen lassen!

„Warum bin ich pervers, warum bin ich impotent?" rufe ich.

„25 Jahre lang mußte ich meinen Kindern und mir in einem Extratopf Bohnensuppe kochen, weil du ja – abartig wie du bist – angebrannte Bohnensuppe lieber magst!" brüllt sie durch die Küche.

Bei Allah, das ist zuviel. Das halte ich nicht aus. Oh Allah, halt die Welt an. Ich will aussteigen. Und zwar sofort. Ich habe keine Lust mehr, bis zur Endstation zu warten. Ich war ohnehin ein blinder Passagier.

„Damenbesuch ist bei Untermietern auch verboten", sagt sie laut. „Abgesehen davon, welche Dame würde schon so einen Kerl wie dich besuchen wollen?"

Schade, daß ich schon fünfzig bin. Wenn ich zwanzig Jahre jünger wäre, dann könnte ich meinen derzeitigen Zustand als Junggeselle besser ausnutzen.

„Aber ich will doch nur friedlich bei dir zur Untermiete wohnen. Fang jetzt nicht schon wieder mit dem Streit an", sage ich versöhnlich.

„Was heißt, ich fange jetzt mit Streit an? Ich mache nur da weiter, wo wir bei deinem Auszug aufgehört haben", schreit sie mich an.

Hört, hört! Diese Frau ist wirklich nicht zum Aushalten! Üüüüüff! (Üf ist ein türkisches Modewort, das soviel bedeutet wie „Ich halte es nicht mehr aus" oder „Warum muß so was immer mir passieren" oder „Muß das ausgerechnet heute sein" oder „Wie kommt man bitte von hier aus zur Wilhelm-Kaisen-Brücke?". Man sieht, mit nur zwei Buchstaben kann man im Türkischen alles sagen, was die gesamte wiedervereinigte deutsche Sprache ausdrücken will. Da sage noch einer, die türkische Sprache sei schwer zu lernen. Alleine die Tatsache, daß ich es kann, ist doch Beweis genug, daß es nicht besonders schwierig ist.)

Ich sehe, daß meine Exfrau wirklich nur auf einen Funken wartet, um in die Luft zu gehen. Aber diesmal gebe ich ihr die Gelegenheit nicht. Soll sie sich doch ihre Funken woanders holen. Doch in Wirklichkeit braucht sie keine Funken von außen. Sie hat einen eingebauten vollautomatischen Zeitzünder.

Um sie abzulenken, frage ich mit samtweicher Stimme: „Wie geht's unseren Kindern?"

„Denen geht's gut", knurrt sie nur knapp.

„Eminanim, wir sind doch geschiedene Leute. Jetzt kannst du mir ja sagen, wer der wahre Vater von Mehmet ist. Der Bursche sieht doch unseren anderen Kindern überhaupt nicht ähnlich?!"

„Aber Osman, das ist doch logisch, daß er völlig anders aussieht als die anderen vier Kinder. Mehmet ist nämlich dein Kind!"

Osi, orientalische Stasi

Damit du Bescheid weißt, Damenbesuch ist Untermietern nicht gestattet. Abgesehen davon – welche Frau würde schon so einen Kerl wie dich freiwillig besuchen?!"

Das waren die Worte meiner Exfrau, als ich bei ihr wieder zur Untermiete wohnen wollte. Alles, aber auch wirklich alles hätte sie mir sagen dürfen, nur das nicht! So brutal hätte sie meinen männlichen Stolz nicht verletzen dürfen. Voller Trotz fühle ich, wie mein Herz seine Flügel schlägt, wie ein junger Kanarienvogel, um sich endlich einer neuen Liebe hinzugeben.

Noch am gleichen Abend hole ich mir Rat von einem Experten: Casanova-Luigi. Es gibt Leute, die behaupten, verglichen mit ihm wäre der richtige Casanova eine billige Kopie gewesen, bestenfalls ein Eunuch.

Casanova Luigi gibt mir die Adresse von einem Tanzlokal, in dem sich Leute in meinem Alter treffen. Menschen in den besten Jahren: die vitalsten, erfahrensten und aktivsten Persönlichkeiten dieser Gesellschaft. Aber Casanova Luigi, mein italienischer Freund, drückt das etwas anders aus: „In dem Laden ist ständig Rent-

nerball, da treffen sich die alten Knacker." Und Luigi teilt
die Frauen, die das Lokal besuchen, in drei Kategorien
ein: 1. Die zwei Prozent, die wirklich nur tanzen wollen. 2. Die 17,4 Prozent, die dringend einen Mann für
den Abend suchen. 3. Die 100 Prozent, die sich auf
Kosten fremder Männer besaufen wollen.

Für mich kämen nur die Frauen der Kategorie drei in
Frage. Aber meine Chancen würden sich verdoppeln,
wenn ich eine Alkoholikerin fände, die dringend einen
Gartenzwerg oder eine Vogelscheuche braucht. Mir ist
unklar, was er damit andeuten will.

Mittlerweile sitze ich nun seit drei Stunden in dem
besagten Lokal, aber unverständlicherweise hat sich
keine der vielen Frauen hier zu mir gesetzt. Wenn der
Berg nicht zum Propheten kommt, dann wird der Prophet zum Atheisten; oder so ähnlich!

Also stehe ich auf und gehe zu den Frauen, die alleine
sitzen.

„Zieh Leine, Opa!"

Die zweite ist wesentlich höflicher: „Verpiß dich, du
Penner!"

Nach 20 Minuten habe ich soviele Körbe zusammen,
um einen Korbladen aufzumachen. Es sind auch sehr
große und schöne dabei. Und in allen Farben. Wahre
Prachtexemplare, made in Germany.

Bei der 23. Frau darf ich mich hinsetzen. Gertrud ist die
Inhaberin einer Gartenzwerg-Verleihfirma.

„Wie heißt du denn, mein kleiner Junge?"

„Ich heiße Osi."

„Ich will nicht wissen, woher du kommst, sondern wie
du heißt."

„Ich bin kein Ossi. Ich heiße nur Osi. Das ist die Abkür-
zung von Osman. Was darf ich beim Kellner bestellen?"

„Was du willst, mein orientalischer Ossi!"
Ich bestelle gleich fünf Flaschen Whisky, drei Kübel Champagner und einen Sechserpack Campari. Wenn ich schon einmal im Leben einer schönen Frau was ausgeben darf, dann richtig.
„Wieviel Ossis kommen denn noch?" will sie wissen.
„Oh du mein Engel, das ist alles für dich! Du bist die Sehnsucht meiner schlaflosen Mittagsstunden. Du bist der Traum meines vor Liebe flatternden Herzens. Du bist mein Herz! Du bist meine Leber, meine Milz, Galle, Lunge, Niere, Dickdarm, Dünndarm und Blinddarm."
Ich höre auf! Soviele Komplimente auf einmal kann keine Frau der Welt ertragen! Aber zwei habe ich noch:
„Oh Gertrud, du bist meine Prostata und meine Außen-Hämorrhoiden."
Das reicht, sonst wird sie noch übermütig. Ich versuche, mich langsam ihr zu nähern, um dann in Frontal-Angriff zu gehen.
Ich umarme sie leidenschaftlich und ... da zupft jemand von hinten an meiner Jacke. Ich schiebe den Kellner genervt etwas zur Seite und versuche nun, Gertrud voller Inbrunst zu küssen.
Diesmal zieht er an meinem Ohr. Völlig gestreßt sage ich dem Kellner, der hinter mir steht:
„Lassen Sie uns in Ruhe, wir wollen nichts trinken."
Aber Gertrud sagt:
„Oh Ossi, mein kleiner Gartenzwerg. Das ist kein Kellner. Darf ich bekannt machen, Frank, mein Mann!"
„Waas, das ist dein Mann. Dein Mann ist hier?! Was wolltest du dann von mir?"
„Ah, Ossi, ich bin auch nur eine Frau mit Bedürfnissen", schnurrt sie, umarmt ihren Mann und geht.

Ich schlage ein paarmal meinen Kopf an die Wand, um zu prüfen, ob ich träume! Bei Allah, wenn das eine türkische Frau wäre! Die dürfen ja nicht mal tagsüber alleine raus.

Wir orientalischen Männer reden uns erfolgreich ein, daß unsere Frauen gerne wie im Gefängnis leben. Das alles wegen Stolz und Ehre. Aber ist meine Ehre denn wirklich zwischen den Beinen meiner Frau versteckt? Wo war eigentlich meine Ehre, bevor ich geheiratet habe? Was ist mit der Ehre von den Männern passiert, deren Frauen gestorben sind? Laufen die armen Kerle jetzt ehrlos durch die Gegend? Wenn Überwachung, Kontrolle und Verbote die Grundlage von Ehre sind, dann war ja die Stasi auch ein ehrenvoller Verein! Dann hatte Gertrud gar nicht Unrecht, mich ihren „orientalischen Ossi" zu nennen. Ein orientalischer Stasi! Kann es denn was Schlimmeres geben?!!

Aber das ist mir jetzt alles egal. Denn die Frau am Tresen mit ihren langen Beinen und Strapsen ist mir viel wichtiger. Braungebrannt von oben bis unten. Und mit langen blonden Haaren. Eine phantastische, intelligente Frau. Endlich mal eine Frau, zu der ich aufschauen kann. Sie ist nämlich mindestens 20 Zentimeter größer als ich. Es dauert genau drei Flaschen Champagner und fünf Campari, bis ich sie soweit habe, sich meine Briefmarkensammlung anzuschauen.

Als wir reinkommen, steht meine Exfrau hinter der Haustür. Ich stelle die beiden Frauen sich gegenseitig vor.:
„Carla, das ist meine Vermieterin, Frau Eminanim Engin."

Mit stolzgeschwellter Brust klettere ich mit Carla die Treppe hoch in mein Zimmer. Meine Exfrau hätte nicht sagen dürfen, daß keine Frau mich jemals besuchen würde!

Fünf Minuten später stürze ich lautschreiend in Unterhosen die Treppe hinunter, verstecke mich unter dem Rock meiner Frau und rufe: „Eminanim, Hilfe; Eminanim, Hilfe! Carla ist gar keine Frau! Er ist ein Transvestit!!"

„Osman, stell dich nicht so an, es tut nur beim ersten Mal weh! Aber ich habe dir schon gestern gesagt, keine richtige Frau würde dich jemals freiwillig besuchen."

Ehemann für 24 Stunden

Nach der Scheidung habe ich wirklich monatelang versucht, mich von ihr zu trennen. Von ihr, der zweitgrößten Nervensäge des Mittleren Orients: Eminanim Engin. Es hat alles nicht geklappt. Alles hat sich gegen mich verschworen. Einschließlich der Bundesregierung mit Helmut Kohl an der Spitze und ihrer völlig schwachsinnigen Wohnungsbaupolitik. Deshalb beschlossen wir, wieder zu heiraten. Denn es gab da Abende, da funktionierte der Fernsehapparat nicht, die Heizung war kaputt, und jeder Mensch hat halt so seine Gewohnheiten. Was ich damit sagen will: Wir bekommen demnächst Besuch vom Klapperstorch. Also der wahre Grund, warum ich Eminanim heirate, ist, daß wir in unserem Alter noch mal ein Kind bekommen. Sonst würde ich lieber obdachlos unter der Brücke hausen, als mit ihr zusammenzuleben.

Eminanim sieht das ganz anders, sie sagt: „Osman, der wahre Grund, warum ich dich heirate, ist, daß wir in unserem Alter noch mal ein Kind bekommen. Sonst würde ich lieber obdachlos unter der Brücke hausen, als mit dir zusammenzuleben."

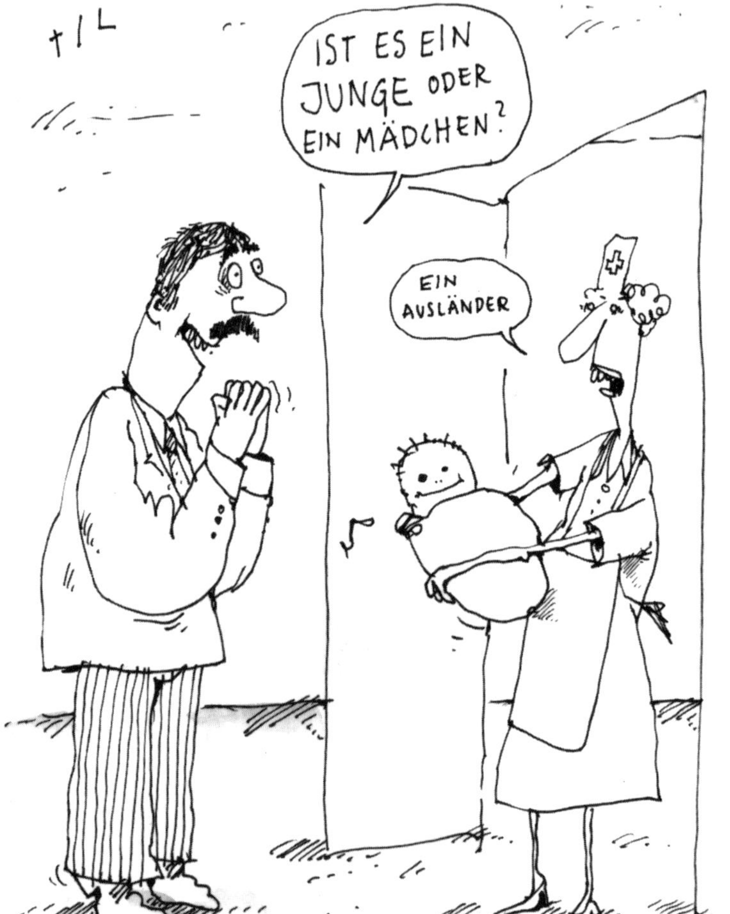
TIL
IST ES EIN JUNGE ODER EIN MÄDCHEN?
EIN AUSLÄNDER

Wer jetzt immer noch behauptet, daß diese Frau keine Gedanken lesen kann, den erwürge ich eigenhändig. Jetzt, wo meine Frau schwanger ist, können wir uns bei unserer nächsten Scheidung bestimmt viel schneller einigen. Sechs Kinder kann man nämlich besser durch zwei teilen als fünf.

Heiraten ist in Deutschland viel einfacher, als sich scheiden zu lassen. Aber nach islamischem Glauben ist es sehr problematisch, wenn man die gleiche Frau zum zweitenmal wieder heiraten will. Dann muß sie nämlich mindestens 24 Stunden lang mit einem anderen Mann verheiratet gewesen sein. Erst dann darf ich sie wieder heiraten. Also haben wir angefangen, meiner Frau einen Mann für diese gewissen 24 Stunden zu suchen. Alle Männer, die sie vorschlägt, lehne ich sofort ab. Ob ich vielleicht eifersüchtig bin? Ich doch nicht! Aber man kann doch nie wissen, was in den 24 Stunden passiert. Vielleicht nutzt meine Frau ja die Gunst der Stunde aus. Da sage noch einer, der Islam sei frauenfeindlich. Welche andere Religion schenkt der Frau einen anderen Mann für eine Nacht, wenn sie ihren alten Ehemann wieder heiraten will?

Wo soll ich nur einen Mann finden, dem ich voll vertrauen kann? Wäre es nicht raffinierter, einen meiner vielen Feinde als Opfer zu suchen? Der arme Mensch wird in diesen 24 Stunden bestimmt um 24 Jahre altern. Es ist nämlich nicht einfach, mit dieser Eminanim Engin verheiratet zu sein. Man kann auch sagen, es ist eine Strafe. Oder soll ich eine Anzeige in der Zeitung aufgeben? „Mann für 24 Stunden für meine Ehefrau gesucht!" Nein, nein, das könnte man falsch verstehen. Oder: „Frau für 24 Stunden an einen Ehemann abzugeben, wegen…" Ja, wegen was: „Wegen Religionsgründen."

Nein, das versteht sowieso keiner. „Wegen zu hohen Energieverbrauchs." Das ist auch nicht gut. Das hört sich nach einem kaputten Ford-Transit an. Bei Allah, wie soll ich diesen Deutschen klarmachen, daß ich meine Frau nur für 24 Stunden verheiraten will?! „Wegen Wiedervereinigung?" Ja, das ist gut. Darauf fahren die Deutschen zur Zeit ab.

Ich frage meinen Wohnungsnachbarn, ob er es mir zuliebe machen will. Aber er lehnt ab, nachdem er hört, daß sie schwanger ist. Ich flippe aus. Was denkt der sich denn aus? Es soll doch nur eine Scheinheirat sein! Meine Frau und ich einigen uns darauf, ganz einfach jemanden aus dem Telefonbuch herauszusuchen. Ich lege meine Finger auf irgendeine Nummer und rufe an. Meine Frau meint: „Sag mal, müßte der Ehemann, den ich für 24 Stunden heiraten soll, nicht männlichen Geschlechts sein?" Ich schaue mir den Namen an: „Willst du damit etwa andeuten, daß Elfriede kein männlicher Name ist?" Aber das ist eine Idee! Wer sagt denn, daß sie diese 24 Stunden mit einem erwachsenen Mann verheiratet sein muß?! Um überhaupt kein Risiko einzugehen, beschließen wir, daß meine Ex-Frau diese 24-Stunden-Heirat mit unserem Enkel macht. Mit dem vierjährigen Sohn unserer Tochter Zeynep.

Eminanim war anfangs dagegen, aber ich habe sie überzeugt. Ich habe die besseren Argumente. Denn jetzt, da meine Frau den Sohn unserer Tochter heiratet, wird sie die Schwiegertochter von unserer Tochter. Und weil ich ja der Ehemann von Eminanim bin, wird meine Tochter auch gleichzeitig meine Mutter. Und da die Kinder von meinen Eltern auch meine Geschwister sind, ist das Kind, das meine Frau heiratet, auch mein Bruder. Aber auch gleichzeitig mein Enkel, weil er der Sohn meiner Tochter ist. Weil meine Frau den Sohn meiner Tochter heiratet, wird meine Frau meine Enkelin. Andererseits, weil ich der Ehemann von meiner Frau bin und sie gleichzeitig meine Enkelin ist, weil ich ja der Vater von ihrer Schwiegermutter bin, bin ich auch der Opa von meiner Frau. Und da meine Frau schwanger ist, und falls sie das Kind in diesen 24 Stunden zur Welt bringt, wird das ein Enkelkind für meine Tochter, weil ihr Sohn ja als Vater gilt. Aber da es auch gleichzeitig das Kind von ihrer Mutter ist, sind beide auch Geschwister. Da das Kind von meinem Enkel ist, wird es mein Urenkel. Aber da es von meiner Frau ist, ist es auch gleichzeitig mein Kind. Weil mein Urenkel das Kind von Eminamin ist, bin ich schon wieder der Opa von meiner Frau. Und weil der Opa von meiner Frau aber automatisch der Opa von ihrem Ehemann ist, bin ich gleichzeitig auch mein eigener Opa! Irgendwie habe ich das immer gewußt! So was intelligentes wie mich kann ich nur selbst erzeugt haben.

Aber meine Tochter Hatice macht meinen genialen Plan zunichte: „Papa, Papa, Mama kann den Kleinen nicht heiraten. Im Koran steht, das ist Blutschande." Bei Allah, was soll ich bloß machen?!

Casanova-Luigi

Bei Allah, was soll ich bloß machen? Der Koran verbietet, daß ich meine Exfrau mit meinem vierjährigen Enkel verheirate. Die beste Möglichkeit, meine Frau völlig gefahrlos für 24 Stunden zu verheiraten, habe ich dadurch leider verpaßt. Aber viel schwerer wiegt, daß ich jetzt leider auch verpaßt habe, als einziger Mensch auf der Welt dadurch mein eigener Opa zu werden. Ich muß mich zähneknirschend damit abfinden, lediglich der Opa von meinem Enkel zu sein. Das Leben kann so hart sein! Wenn ich doch wenigstens der Opa meiner Frau hätte werden können!

„Casanova-Luigi"! Der Mann ist meine Rettung. Mein alter italienischer Freund hat soviele Frauen gleichzeitig, daß ich ihm meine Frau bedenkenlos für 24 Stunden anvertrauen kann. Warum bin ich nicht früher auf diese gute Idee gekommen? Ich erzähle Luigi, daß sie die Exfrau eines guten Freundes sei, mit der ich ihn für 24 Stunden verheiraten will.

„Ist die Zaubermaus wenigstens hübsch?" will Luigi als erstes wissen.

„Mamma mia, Luigi, du Sohn eines Schakals. Mach dir

keine falschen Hoffnungen. Du wirst nur 24 Stunden mit der Frau verheiratet sein."

„Aber Osman, du weißt doch, der schwierigste Teil einer Ehe sind die ersten 24 Stunden. Aber es sind auch die schönsten."

Ich koche vor Wut. Gewisse Zweifel kommen in mir hoch, ob Luigi doch die richtige Wahl war. „Luigi, die ersten 24 Stunden finden für dich nicht statt. Es findet bei euch überhaupt nichts statt!"

„Mamma mia, Osman, warum heirate ich sie dann überhaupt?"

„Weil ihr Mann es so will."

„Mein Gott, gibt es kaputte Typen. Wer ist denn der perverse Hund?"

„Luigi, sag so was nicht! Er ist ein ganz vernünftiger, besonnener, höflicher, sympathischer, gutaussehender und intelligenter Mensch. Halt so, wie du und ich."

„Osman, wo ist der Haken? Was kostet mich der Spaß?"

„Luigi, du verstehst das Problem nicht."

„Osman, es soll sogar Kerle geben, die dabei zugucken wollen!"

„Limortacci tua, chindi il becco o ti spacco il grugno, figlio di zoccola.* Luigi, jetzt komm endlich mit."

Ich bringe Luigi zum Haus des Hodca, der die beiden verheiraten wird.

„Ohlala, so schlecht sieht die Maus ja gar nicht aus", meint Luigi, „Osman, schau dir die langen Beine an."

Ich will nicht nationalistisch klingen, aber wenn dieser Italiener nicht sofort die Schnauze hält, platze ich.

„Osman, schau dir diese seidenen schwarzen Haare an. Für diese Frau brauche ich mehr als 24 Stunden. So eine rassige Frau, sie weiß, wie man einen Mann glücklich macht."

In mir keimt tiefes Verständnis für Casanova-Mörder und andere Triebtäter. Aber ich schau mir meine Frau genauer an. Das gibt's doch nicht. So hübsch ist sie?! Warum habe ich das 25 Jahre lang nicht gemerkt? Warum hat mir das bis jetzt keiner gesagt? Habe ich ein viertel Jahrhundert umsonst gelebt?!

Der Hodca sagt: „Osman, wir haben ein Problem. Wenn ich die beiden hier nach islamischen Glauben verheiraten soll, dann muß der Italiener erst mal Moslem werden." Bei Allah, daran hatte ich überhaupt nicht gedacht.

„Hochverehrter Hodca, muß es denn wirklich sein?!"

„Ja, mein Sohn. Der Italiener muß zuerst beschnitten werden und dann den islamischen Glauben annehmen."

Das trifft sich gut. Ich bin für sofortige Beschneidung. Damit wäre Luigi für die nächsten Tage hundertprozentig „lahmgelegt".

„Hier lieber Hodca, nehmen Sie dieses Küchenmesser, und kastrieren Sie ihn ... ich meine, beschneiden Sie ihn."

„Ich bin kein Arzt, mein Sohn."

„Um so besser", sage ich.

Meine Frau mischt sich ein und meint: „Ich habe nichts dagegen, daß er noch unbeschnitten ist."

„Halt dich da raus! Willst du etwa einen Ungläubigen heiraten?!"

Ich bin von meiner Idee begeistert. Einen besseren 24-Stunden-Ehemann für meine Frau kann ich gar nicht finden als einen, den man gerade beschnitten hat. Als Luigi mich mit dem Küchenmesser rumfuchteln sieht, wird er langsam unruhig.

Ich rufe dem Hodca zu: „Faß, Hodca, faß! Zieh dem Burschen die Hosen aus!"

Als Luigi im „Freien" steht, stellen wir zur allgemeinen Verblüffung fest, daß er schon beschnitten ist.

Nachdem er seine Hosen wieder an hat, sind Luigi und meine Frau fünf Minuten später ein verheiratetes Paar. Um die beiden nicht aus den Augen zu lassen, überrede ich den Hodca, daß er mich den beiden als Adoptivkind dazu gibt; ob sie wollen oder nicht.

Das Programm für die folgenden 24 Stunden habe ich bereits ausgearbeitet: Drei Stunden Hochzeitfeier im engeren Bekanntenkreis, bestehend aus Luigi und mir; zwei Stunden Autowaschen, inklusive Polieren; zwei Stunden Fahrt zur Schwiegermutter zum Kennenlernen, inklusive eine Stunde Hände küssen; zur Feier des Tages für den Adoptivsohn zwei Stunden lang einen neuen Anzug aussuchen (Luigi zahlt); Luigi bei der Ausländerbehörde anzeigen und von der Ausländerpolizei wegen illegaler Einreise für drei Stunden einsperren lassen; zwei Stunden Dauerlauf um den Block für Luigi, ohne Frau und Adoptivsohn; zehn Stunden Schlaf in getrennten Zimmern für Luigi und Frau – durch Stacheldraht und Tretminen getrennt. Gleichzeitiger Wachdienst für Adoptivsohn mit Schrotflinte.

Als Luigi meinen Plan erfahren hat, sagt er: „Adoptivsohn kann mich mal, zwei Stunden."

Aber er wird von mir dezent überhört. Nach 24 Stunden, in denen ich mein Programm voll durchzog, fällt mir ein Riesenstein vom Herzen. Alles klappte wie geplant. Casanova-Luigi bittet völlig entnervt freiwillig um die Scheidung. Der arme Mann ist um Jahre gealtert. Der langersehnten zweiten Heirat zwischen mir und meiner Frau steht nichts mehr im Wege.

Die zweitgrößte Nervensäge des Mittleren Orients scheint aber anderer Meinung zu sein: „Osman, zwei

Scheidungen reichen mir, ich muß auf meinen guten Ruf achten. Nach diesen beiden gescheiterten Ehen mit dir und Luigi habe ich die Nase von Ehemännern gestrichen voll!!"

* Halt's Maul!

Die Hochzeit

Eine wahrhaft königliche Hochzeit mußte ich ihr versprechen, damit die zweitgrößte Nervensäge des Mittleren Orients mich zum zweiten Mal wieder heiratet. Und dazu den Himmel auf Erden, samt Ozonloch und Spionagesatelliten. Eine Hochzeit ganz in Weiß, nicht mehr und nicht weniger. Alle ihre Freundinnen müssen in weißen Rolls-Royce-Limousinen abgeholt werden, und sie bestand auf einer Hochzeitsreise in die Karibik, zusammen mit meiner Schwiegermutter. Ich darf aber zweimal die Woche dort anrufen. Als Hochzeitskapelle besteht sie auf ein Duett von Madonna mit Heino. Madonna zu bekommen war kein Problem, aber Heino wollte nicht. Als persönlichen Kriegsberichterstatter, der die Außenwelt über unsere Familienkriege live informiert, will sie einen gewissen Peter Arnett haben. Die CNN ist einverstanden.

Ich habe alles gut organisiert. Die fünf weißen Rolls Royce fahren vor. Die angemietete Stadthalle ist brechend voll. Alle Leute, die zu geizig sind, um für andere Veranstaltungen Geld auszugeben, gehen zu türkischen Hochzeiten. Hier gibt's alles gratis, Essen, Trinken und ‚tolle' Musik.

Und die türkischen Hochzeiten sind natürlich auch gleichzeitig öffentliche Heiratsmärkte. Jeder sucht hier eine Frau oder einen Mann. Wenn nicht für sich, dann für den Sohn des Onkels oder für die Tante des Nachbarn.

Meine Frau sitzt am Hochzeitstisch; ich darf mich dazusetzen. Meine alte und neue Schwiegermutter kommt angelaufen und sagt: „Osman, du mußt deine Gäste willkommen heißen."

Das bedeutet, ich muß jedem einzelnen die Hände küssen oder schütteln!

„Schwiegermama, ich kenne hier keinen einzigen. Ich habe keinen davon eingeladen!"

„Osman, das ist deine Hochzeit, benimm dich!"

Meine kleine Tochter fragt ihre Mutter, wo sie denn bei der ersten Hochzeit war. Sie kann sich nämlich überhaupt nicht daran erinnern.

„Meine Tochter, du warst damals noch nicht auf der Welt."

„Aber Mami, wo war ich denn dann?"

„Du warst bei mir im Bauch."

Hatice fragt voller Entsetzen mit großen Augen: „Mama, hattest du mich etwa aufgefressen? Wegen eines Mannes frißt du deine eigenen Kinder auf?!"

Ich sehe ein, daß ich Eminanim aus dieser schwierigen Situation heraushelfen muß.

„Also, Hatice, meine liebe Tochter, die Fortpflanzung des Homo Sapiens…"

„Osman, halt's Maul", schreit mich meine Frau von der Seite an, ich glaube, unser Ehealltag hat schon wieder begonnen. Ein Glück, daß Peter Arnett seine Arbeit noch nicht aufgenommen hat.

Wir werden vom Mann am Mikrofon unterbrochen und in die Mitte des Saals gerufen. Was jetzt kommt, kenne ich von meiner ersten Hochzeit. Stundenlang müssen wir wie die Schaufensterpuppen rumstehen und werden von den übrigen von oben bis unten umdekoriert. Mit Sicherheitsnadeln werden Geldscheine an unseren Kleidern befestigt. Und der Mann am Mikrofon macht eine Riesen-Show daraus:

„Und wen sehen wir da, da kommt sie: Tante Fatima und schenkt dem Brautpaar hundert Mark! Und da kommt auch schon der nächste: Onkel Hasan, auch mit einem Hundertmarkschein. Es ist unvorstellbar, wie großzügig die Familie der Braut ist."

Ich kann meinen Ohren nicht trauen. Der Kerl lügt wie gedruckt. Das sind doch nur Zehnmarkscheine. Und dazu auch noch Ostmark. Die Familie meiner Frau muß den Kerl am Mikrofon bestochen haben.

Seit Stunden stehe ich hier und lasse geduldig alles mit mir machen. Der Stich einer Sicherheitsnadel gibt mir meinen Verstand wieder zurück. Bei Allah, warum mache ich diesen Quatsch eigentlich mit?! Ich hatte mir doch gerade erst meine Freiheit mühsam wieder erkämpft. Warum heirate ich eigentlich schon wieder? Und dann auch noch die gleiche Frau mit der gleichen Schwiegermutter. Warum arbeite ich eigentlich in Halle 4? Warum zahle ich immer noch Zinsen für diese Kredite? Warum lebe ich im kalten Deutschland? Warum liege ich nicht in der Sonne von Hawai? Ich glaube, mich hat die Midlife-Crisis voll erwischt. Ein schwerer Anfall von Selbstmitleid.

Nach einigen Stunden habe ich auch diese Midlife-Crisis und die Hochzeitsfeier überlebt. Ein Rolls Royce fährt das glückliche Paar – mich und meine Frau – die

150 Meter zu unserer Hochzeitssuite im Park-Hotel. Oh, wie habe ich mich auf diese Hochzeitsnacht gefreut! Unsere Leidenschaft kennt keine Grenzen! Es sind die vier schönsten Minuten meines Lebens. Aber was sehen meine entsetzten Augen?! Kein Blut auf den Bettlaken! Trotz ihrer fünf Kinder ist meine Braut keine Jungfrau mehr. Wie konnte dies nur geschehen? Schande!! Meine Ehre ist am Boden zerstört! Gleich morgen gebe ich sie wieder ihren Eltern zurück!!

Kishon, meine Hoffnung

Ich habe was Sensationelles geschafft: Ich habe eine Privat-Audienz bei einem leibhaftigen Vermieter (Vermieter sind gottähnliche Wesen, die vor langer Zeit, kurz nach den Dinosauriern, ausgestorben sind und der Legende nach in grauer Vorzeit den Leuten ein Dach über den Kopf besorgt haben sollen). Ich durfte ihn sogar in seinem eigenen Wohntempel besuchen. Als ich ihn sehe, bin ich total enttäuscht. Ein ganz normaler kleiner Deutscher. Die Götter sind auch nicht mehr das, was sie früher einmal waren. Seine erste Frage ist:

„Sie sind Türke, nicht wahr?"

„Scheiße", denke ich mir und sage, „Ja, es ist aber nicht meine Schuld!"

Das gottähnliche Wesen mit den Filzpantoffeln zeigt mit dem Kopf zum Tisch. Da sehe ich, daß er mein neues Buch aufgeschlagen vor sich liegen hat.

„Dieser Osman Engin ist der einzige Türke, den ich bisher kenne", sagt er.

„Ach ja, woher kennen Sie ihn denn?" frage ich höflich.

„Von seinen Büchern halt. Kennen Sie ihn vielleicht auch?"

Wenn ich bloß wüßte, was der Vermieter über mich denkt?! Es gibt so viele Stolpersteine bei der Wohnungssuche, da will ich mir nicht auch noch selber als Fettnäpfchen im Wege stehen.

„Ob ich ihn persönlich kenne? Welcher Mensch auf Erden kann schon von sich behaupten, einen anderen Menschen wirklich gut zu kennen? In diesen Zeiten der Sünde kennen wir uns ja selber nicht mehr. Der Herr gibt es, und der Herr nimmt es!"

Damit er aber nicht denkt, ich wäre fanatischer Moslem, höre ich mit der Predigt gleich auf. In meinem eigenen Interesse muß ich meinem zukünftigen Vermieter den „Osman Engin" warm ans Herz legen:

„Also wenn Sie mich persönlich fragen, dieser Osman Engin schreibt nicht schlecht. Man könnte auch sagen, er ist der beste Satiriker Norddeutschlands westlich von Delmenhorst."

„Meinen Sie wirklich?"

„Doch, doch, meiner Meinung nach sogar der Beste von ganz Deutschland, incl. Schlesien, Pommern, Ostpreußen, Siebenbürgen, Namibia, Togo und Bayern" – die Erzkonservativen sollen sich bei mir auch mal freuen dürfen.

„Ach ja, wirklich?"

„Ja, ja, einige Literaturkritiker meinen sogar, er sei nach Helmut Kohl der zweitbeste Satiriker der Nachkriegsgeschichte!"

„Also ich finde, er ist ein Abklatsch."

„Ein Abklatsch von Helmut Kohl?"

„Nein, von Ephraim Kishon, dem berühmten israelischen Humoristen."

Ich merke schon, als Fan von „Osman Engin" werde ich nie an die Wohnung rankommen.

„Ich sage ja auch nur, was die Kritiker schreiben", stottere ich. „Es muß ja auch nicht stimmen. Eigentlich stimmt's nie, was die sagen. Also meine Frau mag ihn auch nicht. Ich glaube, sie haßt ihn sogar. Erst gestern hat sie gesagt, sie würde ihre Brüder bitten, diesen Osman Engin mal richtig zu verprügeln."

„Also verprügeln muß man ihn auch nicht gleich."

„Doch, doch, wir Türken regen uns schrecklich über ihn auf. Der Kerl hat alles Gute, was wir in 30 Jahren in Deutschland aufgebaut haben, mit seinen dummen Sprüchen wieder kaputt gemacht. Aus Angst vor seinen Landsleuten versteckt er sich jetzt in den Urwäldern von Brasilien. Da sitzt er auf einem der letzten Bäume und schreibt seine gemeinen Satiren, die ständig Schande über die ganze Menschheit bringen. Wir warten jetzt darauf, daß nächste Woche endlich der ganze restliche brasilianische Urwald abgeholzt wird. Dann schnappen wir ihn uns!"

Wenn ich die Wohnung bekomme, dann muß ich mir sowieso einen anderen Namen zulegen. Also kann ich über mich soviel herziehen, wie ich will. Über andere zu lästern, macht höllischen Spaß, aber über sich selbst zu lästern, ist ein richtiger Genuß.

„Also so schlecht wie Sie finde ich ihn nun auch wieder nicht. Ich lese ihn gerne", sagt mein zukünftiger Vermieter.

Ganz leise traue ich mich wieder weiter vor: „Wissen Sie, mein Vorname ist auch Osman."

„Vor dem Schlafengehen muß ich immer eine Satire von ihm lesen. Sonst kann ich nicht einschlafen. Die sind so herrlich langweilig und einschläfernd."

Wenn das so weitergeht, sind meine Bücher nur noch in der Apotheke gegen Rezept zu bekommen. Mit dem Hinweis: „Warnung vor Überdosis!"

„Wenn ich die Wohnung bekomme, dann kann ich Osman Engin öfters einladen. Dann könnte er Ihnen jeden Abend am Bett persönlich eine Gute-Nacht-Geschichte vorlesen."

Bei Allah, was tut man heutzutage nicht alles für eine Wohnung!

„Nein, nein, soweit geht die Liebe nun auch nicht. Und außerdem, wie soll ich meinem Freund den fremden Mann im Bett erklären."

Wenn dieser Mensch sich doch endlich entscheiden könnte! Ich weiß nicht, ob ich mich beschimpfen oder loben soll?! Ich mach mich lieber wieder auf den Weg nach Brasilien und sage:

„Dieser Osman soll lieber was über den Urwald schreiben, in dem er zur Zeit steckt. Viel mehr als die Holzfäller kann er dem Wald ja auch nicht schaden."

„Ich kenne nur eine wirklich gute Geschichte von Osman Engin. Aber die ist wirklich toll. Wissen Sie, die, wo ein Irrer als Bauarbeiter getarnt durch die ganze Stadt hindurch einen Kanal bis zum Meer hingräbt – ,Der Blaumilchkanal' hieß es, glaube ich. Hinterher steht die ganze Stadt unter Wasser. Ist das nicht lustig? Haaah, hiiih, hii hoooo."

„Doch, doch, die kenne ich. Toll geschrieben, witzig gemacht von Osman. Haaa, hiiii, hiii hooooo."

Hoffentlich hat Herr Kishon nichts dagegen, daß ich mir seinen ,Blaumilchkanal' für ein paar Sekunden ausleihe.

„Nur, daß die Geschichte in Israel spielt, das finde ich einen Abklatsch. Kishon schreibt nämlich auch immer über Israel", sagt mein zukünftiger Vermieter.

„Da kann man sehen, Osman Engin ist halt ein Weltliterat. Heute schreibt er über Israel, morgen über Kanada und übermorgen über Oldenburg."

Nach Besichtigung der Mietwohnung verabschiede ich mich von ihm, und er sagt: „Dann ist ja alles klar. Wegen der Wohnung rufe ich Sie noch an."

Zuhause angekommen, berichte ich mit stolzgeschwellter Brust: „Frau, diese Wohnung bekommen wir ganz bestimmt. Dies verdankst du nur dem weltberühmten Namen deines genialen Ehemannes!"

Meine Tochter sagt: „Papa, Papa, dieser Vermieter hat soeben angerufen. Er sagt, er kann uns die Wohnung leider nicht geben, weil die Gefahr, daß Osman Engin dort öfters auftauchen könnte, ihm einfach zu groß ist."

Ich hasse alle gottähnlichen Wesen!! Ich hasse alle Götter!! Ich hasse alle Propheten!! Ich hasse alle Vermieter!! Ich hasse alle Filzpantoffeln!!

Meine Frau schaut mich mit großen Augen an: „Endlich mal ein Ablehnungsgrund, den ich voll verstehen kann!"

Ich liebe meine Halle 4

„Pipi Engin, Pipi Engin oder Osman Langstrumpf", so will Hatice den Namen ihres Ernährers geändert haben.

„Osman Hemingway", schlägt meine Frau vor, „oder noch lieber Osman Süskind!"

„Aber Frau, ich bin wirklich kein Kind mehr!"

„Osman, du bist so ungebildet, das gibt's gar nicht. Du kennst weder ,Der alte Mann und das Meer' noch ,das Parfüm'!"

„Was sagst du ,Der alte Mann und das Parfüm'? Gibt's jetzt auch Parfüm für alte Männer? Warum hast du mir denn, so gehässig wie du bist, noch keins gekauft?"

„Osman, das ist der beste Beweis, daß du dringend ein neues Image brauchst. Denn so ungebildet wie du bist, wird mir niemand abkaufen, daß du ein Künstler bist."

„Aber Eminanim, ich habe mich seit 50 Jahren an meinen Namen gewöhnt. Laß mich bitte bei dem alten Namen bleiben. Ich bin als Osman Engin geboren, ich möchte als Osman Engin sterben. Und meine Leserschaft hat sich auch an den Namen gewöhnt."

„Deine beiden Leser Herbert und Elfriede (die Namen wurden nicht geändert, die armen Menschen heißen wirklich so) werden sich schon umgewöhnen können. Damit du in Zukunft vielleicht doppelt so viele Leser hast, müssen wir dir ein neues Image verpassen. Als erstes bohren wir dir Löcher in die Ohren und hängen ein paar Ohrringe da rein. Und dann mußt du dir einen Pferdeschwanz wachsen lassen, so wie Karl Lagerfeld."

„Aber der ist doch kein Schriftsteller!"

„Du ja auch nicht! Deswegen mache ich mir doch die ganze Mühe, damit du ein künstlerisches Image bekommst."

„Was ist denn daran künstlerisch? Jetzt laufen doch die letzten Mantafahrer mit Pferdeschwanz und Ohrringe rum."

„Osman, du Kulturbanause! Das sind doch Zeichen von Freiheit und Abenteuer."

„Das nennst du Freiheit? Alles wie ein Schimpanse nachzumachen, was die Modefreaks in Paris erfinden? Das ist doch der größte Zwang überhaupt. Das hat mit Kreativität und Originalität nicht das geringste zu tun."

„Osman, sei ruhig! Steck das Ding mal in den Mund."

„Aber Frau, du weißt doch, ich hasse Rauchen!"

„Eine Pfeife mußt du schon im Mund haben. Hast du jemals einen Künstler gesehen, der keine Pfeife im Mund hatte."

„Osman Sherlock Holmes, Mami, nennen wir ihn doch Sherlock Engin. Der hat auch immer so ein Ding im Mund."

„Aber Kind, wir wollen doch nichts Intelligentes aus ihm machen, sondern nur einen Künstler. Außerdem, Osman, du mußt jetzt immer solche Sachen erzählen, daß dich keiner versteht. Einen Künstler, den man verstehen kann, das ist doch wirklich das letzte! Wenn dich zum Beispiel jemand fragt, wie spät es ist, dann sagst du…"

„Dann sage ich, es ist drei viertel zum Quadrat!"

„Was redest du da für einen Unsinn?"

„Ich soll doch so reden, daß mich niemand versteht!"

„Nein, nein, das geht anders. Du sagst dann, ich komme gerade aus der Galerie, und bevor ich heute Abend in die Oper gehe, muß ich noch drei Theaterstücke schreiben, vier Romane korrigieren und fünf Interviews geben. Und wenn der jenige immer noch darauf besteht, weiterhin die Uhrzeit wissen zu wollen, dann sagst du ihm, daß dein letzter Film von der internationalen Presse zerrissen wurde und daß die Kritiker auch nicht mehr das sind, was sie früher mal waren. Daß sie ohnehin keine Ahnung von der Materie haben."

„Aber Frau, was hälts du davon, wenn wir dich zum Künstler machen. Du hast doch viel mehr Ahnung als ich. Blödes Zeug reden konntest du schon immer gut, und außerdem stehen dir Pferdeschwanz und Ohrringe wesentlich besser als mir. Warum willst du unbedingt aus mir einen Künstler machen? Ich habe doch schon einen Traumberuf, ich bin Schlosser in Halle 4."

„Wer redet denn von dir, du Egoist! Es geht um mich. Alle Frauen in unserer Straße verkaufen irgendeinen Mist an andere Leute. Töpfe, Kosmetika oder anderen Schrott. Und ich verkaufe halt dich. Ich mache eine Werbeagentur auf. Wenn ich dich als ‚Künstler' verkaufen kann, dann kann ich auch einen Goldfisch als Opernsänger verkaufen. Ich benötige dich als Versuchskaninchen. Außerdem hast du die beiden Satiren geschrieben, jetzt mußt du auch die Konsequenzen daraus tragen. Ich hab's, wir nennen dich ‚Madonna Engin' und veröffentlichen Nacktfotos von dir. Rasier du dir mal die Beine und die Brust. Ich hole sofort den Fotoapparat und die Strapse."

„Papa, wie spät ist es?"

„Ich komme gerade aus der Galerie, meine Tochter. Und bevor ich heute Abend in die Oper gehe, muß ich noch drei Theaterstücke schreiben, vier Romane korrigieren und fünf Interviews geben."

„Papa, rede doch keinen Quatsch! Ich will dich nicht testen. Ich will nur nicht den Horrorfilm im Fernsehen verpassen."

„Osman, du mußt noch heute deinen Job kündigen", ruft Eminanim „Hast du schon mal einen Künstler gesehen, der in einer Fabrik malocht?! Ein richtiger Künstler muß sich auf die faule Haut legen und vom Sozialamt leben", sagt sie, während sie mir die Beine blutigrasiert.

„Frau, meinen ehrenvollen Schnurrbart behalte ich aber", wehre ich mich mannhaft.

„Osman, hast du schon mal eine Madonna mit Schnurrbart gesehen?! Hatice, nimm bitte das Fleischermesser und schneide deinem Vater das linke Ohr ab!"

„Gut, gut, Frau. Ich will meine Ohren behalten. Dann schneid lieber ein Stück vom Schnurrbart ab."

„Osman, bei deiner unprofessionellen Einstellung wird nie ein echter Künstler aus dir. Was ist denn schon ein Künstler wert, der noch beide Ohren hat! Glaubst du van Gogh hätte je ein Bild verkaufen können mit Ohren an beiden Seiten?! Und Beethoven hatte überhaupt gar keine Ohren, deswegen hat er es so weit gebracht."

„Dann könnt ihr mich gleich umbringen. Tote Künstler sind noch mehr wert."

„Das machen wir später, wenn du genug geschrieben hast und ich aus dir einen Künstler gemacht habe. Wenn du aus Versehen jetzt sterben solltest, dann bist du nur ein toter Kanake."

Hatice fuchtelt mit dem Fleischermesser, als wolle sie mir den ganzen Kopf abhacken. In ihren sechsjährigen Augen funkelt triebhafte Hinterlist. Ich habe das ungute Gefühl, als wartete sie seit Jahrzehnten auf diesen Moment.

„Du Sadistin, du Vatermörderin!" schreie ich sie an. Aber dadurch erreiche ich genau das Gegenteil. Jetzt fuchtelt sie mit dem Fleischermesser schlimmer als Zorro in seinen besten Tagen.

„Nur ein totes Türke ist ein gutes Türke", brüllt das Biest wie besessen.

„Aber Frau, bitte, können wir mit dem Ohrabschneiden nicht so lange warten, bis ich ein Künstler bin. Außerdem, wo willst du die Ringe aufhängen, wenn die Ohren ab sind", flehe ich sie auf glattrasierten Knien an.

„Na gut, Hatice, lassen wir ihm die Ohren erst mal dran. Hol mir lieber die Flasche dort drüben her."

„Schade", sagt Hatice „ich habe noch nie jemandem ein Ohr abschneiden dürfen!"

„Du bist noch jung, du hast ja noch dein ganzes Leben dafür vor dir", tröste ich die angehende Männermörderin. In dem Moment kippt mir meine Frau eine Flasche mit übelriechender, roter, klebriger Flüssigkeit über den Kopf.

„Ein Künstler, der nicht nach billigem Rotwein stinkt, ist doch einfach kein richtiger Künstler!" ruft sie stolz in der Gewißheit, ein Gesamtkunstwerk geschaffen zu haben. Ich zittere wie ein Hund, den man in den Regen gejagt hat. Dieses rote, ekelhafte Zeug tropft überall an mir herunter. Schwärme von Fliegen stürzen sich auf mich. Und alle bleiben an mir kleben.

„Osman, du bist jetzt schon sehr beliebt. Millionen Fliegen können sich nicht irren."

Jetzt sehe ich ein, warum die Selbstmordrate unter Künstlern so erschreckend hoch ist. So ein Künstlerleben ist nicht zum aushalten; allein schon wegen der Fliegen. Dann setzt mir meine Frau, oder besser gesagt, mein kreativer Schöpfer eine Kappe auf.

„Die Baskenmütze darf nicht fehlen", sagt sie, „und jetzt mußt du in die Künstlerkneipe."

„Was soll ich denn in der Kneipe?" frage ich überrascht, „sonst darf ich ja dort auch nicht hin? So naß und stinkend gehe ich nirgendswo hin."

„Wenn man in so eine Kneipe geht, muß man stinken wie Otter; nur dann wird man als Künstler anerkannt. Du mußt dich dort auch so verhalten, daß man weiß, daß du ein Künstler bist."

„Was soll ich denn sonst noch machen?" frage ich verärgert, denn meine Strapse kneifen mich überall.

„Osman, wenn der Kellner kommt, um deine Bestellung aufzunehmen, dann mußt du nur..."

„Ich weiß, ich muß ihm ein Bein stellen!"

„Nein, das ist albern und Kinderkram. Dadurch kriegt man heute kein künstlerisches Ansehen mehr. Heute muß man, wenn der Kellner neben einem steht, ihn einfach ankotzen."

„Was denn? Wie soll ich das denn machen?"

„Ganz einfach, öögh machen und ihm lässig über den Anzug kotzen. Und danach bestellst du dir noch eine Flasche Rotwein und sagst ‚Hey Alter, du siehst ja heute aus wie frisch ausgekotzt'. Dann bist du dort der King."

„Frau, deine Künstleragentur kotzt mich noch mehr an. So gehe ich nicht in die Kneipe. Da gehe ich lieber in die Halle 4!"

Ich packe hastig meine Thermoskanne ein und fahre so schnell ich kann zur Spätschicht in die Fabrik. Bisher ist mir nie bewußt gewesen, wie sehr ich meine Halle 4 gern habe. Ich falle auf die Knie und küsse ergeben den Boden.

„Meister, Meister, ich liebe euch alle", rufe ich vom weiten. Und zum erstenmal seit 30 Jahren zeigt mein Meister Interesse an mir. Meine Strapse scheinen ihn anzutörnen.

Plötzlich bemerke ich eine lange, tiefrote Spur hinter mir. Verzweifelt fasse ich mir an den Kopf.

„Hatice, du Vatermörderin", schreie ich wie von Sinnen „Gib mir mein Ohr zurück!!

„Tief betroffen"

„Gute Freunde erkennt man in schlechten Zeiten", sagt ein türkisches Sprichwort. Und Rüdiger ist ein wahrhaft guter Freund, das hat sich in diesen schlechten Zeiten herausgestellt. Der Rüdiger ist schon lange mein Nachbar, er wohnt mit seiner Wohngemeinschaft nur drei Häuser weiter die Straße runter.
Ich muß zugeben, früher hat er uns eigentlich nie besucht. Aber seit diesen schrecklichen Angriffen auf die ausländischen Mitbürger zeigt er sich doch sehr betroffen.
Bei Allah, in letzter Zeit hasse ich dieses Wort „betroffen" wie nichts Gutes. Dieses arme, hilflose Wort ist zu einer hohlen, heuchlerischen Politiker-Phrase verkommen. Zur Zeit wird es von jedem Politiker mindestens dreimal täglich brutal mißbraucht. Hinter diesem Wörtchen verstecken sie sich, wenn sie nichts Konkretes sagen wollen.
„Es wurden wieder Molotowcocktails geworfen, was sagen Sie dazu?"
„Ich bin tief betroffen!"
„Es wurden drei Menschen verbrannt!"
„Ich bin tief betroffen!"

„Der häßliche Deutsche ist wieder auferstanden!"
„Ich bin tief betroffen!"
„Meine Oma hat Fußpilz!"
„Ich bin tief betroffen!"
Es klingelt an der Tür. Und zum 12. Mal in dieser Woche
ist Rüdiger gekommen, um uns in diesen miesen Zeiten
zur Seite zu stehen.
Nein das gibt es nicht! Soviel Mitgefühl kann ein Mensch
allein doch gar nicht haben. Ich bin tief betroffen! Um
seine Solidarität zu zeigen, hat sich Rüdiger die Haare
schwarz gefärbt und einen dicken Schnurrbart ange-
klebt. Außerdem trägt er einen riesengroßen Aufkleber
auf der Jacke, auf dem steht: „Ich heiße Abdullah!". Ich
bin tief berührt und umarme unseren Abdullah-Rüdiger
leidenschaftlich.
„Ooooh Rüdiger", rufe ich, „du repräsentierst den guten
und freundlichen Deutschen. Eine Rasse, die vom Aus-
sterben bedroht ist. Du bist ganz anders als der ‚häßliche Deutsche'!"
„Osman, wenn du dein häßliches Gesicht zum Maßstab
machst, dann sieht doch jeder besser aus", sagt meine
Frau zynisch auf türkisch.
Zur Begrüßung küsse ich Abdullah-Rüdiger auf die mit
Klebstoff verschmierten Wangen.
„Geht diese verdammte Knutscherei nun wieder los", keift
meine Frau. „Bei Allah, Osman, was sollen die Leute nur
sagen. Die ganze Nachbarschaft lästert schon über euch
beide. Ich kann diese vielen Fragen auf der Straße nicht
mehr hören, ob du jetzt wirklich schwul geworden bist!"
„Frau, du wirst doch deinen Ehemann wohl zu verteidi-
gen wissen, schließlich sind wir seit 30 Jahren verheiratet."
„Genau, Osman, weil ich dich seit 30 Jahren kenne, sage
ich den Menschen: ‚Leute, ihr habt ja so recht'."

„Komm Rüdiger, wir gehen raus. Dieser Pöbel hat deine tapfere Solidarität nicht verdient!"

Rüdiger, mein Dackel und ich, wir treten zu dritt auf die Straße. Zum Gassi gehen. Viele meiner Freunde und Bekannten, die wir unterwegs treffen, wissen Rüdigers selbstlosen Einsatz für die ausländischen Bürger in den letzten Wochen zu schätzen. Sie klopfen ihm auf die Schulter und kleben seinen verrutschten Schnurrbart wieder gerade.

„Guten Tag", ruft der junge Deutsche, der uns im Park entgegenkommt. Nein, die gute Minderheit der Deutschen ist noch nicht völlig ausgestorben. Ich schöpfe wieder Hoffnung für das vereinigte Deutschland.

„Guten Tag, mein Herr", grüßt Rüdiger den jungen Mann höflich.

„Ich habe nicht dich gemeint, sondern nur den deutschen Hund", bellt der zurück.

Meine gute Laune und meine ganze Hoffnung für Deutschland verfliegen im Nu.

„So, wie du drauf bist, kann ich mir gut vorstellen, daß du nur von Hunden gegrüßt wirst", zische ich ihn an. „Aber erst mal muß ich meinen Dackel fragen, ob er das überhaupt will. Der läßt sich auch nicht von jedem Penner grüßen!"

„Komm Osman, laß uns weitergehen. Dem Kerl würde ich nicht mal ans Bein pinkeln", mischt sich mein Dackel in das Gespräch ein.

Der Hund, Rüdiger und ich, wir springen in die nächste Straßenbahn. Gerade will ich mich hinsetzen, da stößt mich jemand brutal in die Seite: „Erst setzen sich die Deutschen, dann die Kanaken!"

In dem Moment ärgere ich mich zum 23. Mal in diesem Leben darüber, daß die Türken keine Messerstecher sind, wie allgemein angenommen wird.

„Straßenbahn fahren darf ich nicht, zu Fuß werde ich angepöbelt, Auto fahren will ich nicht wegen der Umwelt, und fliegen kann ich immer noch nicht. Rüdiger, kannst du mir bitte mal sagen, wie ich mich in dieser Stadt, in der ich seit Jahrzehnten lebe, in Zukunft fortbewegen soll?!"

Ich nehme Rüdiger und den Dackel an die Hand, und an der nächsten Haltestelle klettern wir aus der Straßenbahn. Da kommt uns der Holger entgegen. Holger ist einer der Mitbewohner aus Rüdigers Wohngemeinschaft.

„Na Rüdiger, lebst du noch?"

„Natürlich lebt er", antworte ich, „Rüdiger ist doch seit letzter Woche unsere einzige Stütze!"

„Wie, Rüdiger, soll das heißen, daß du Osman nicht die Wahrheit erzählt hast?!"

„Was für eine Wahrheit, wovon redest du, Holger?" frage ich ihn.

„Der Rüdiger ist der unfähigste Selbstmörder, den es je gegeben hat. Mit seinen Selbstmordversuchen hat er jeden in unserer WG verrückt gemacht. Erst letzte Woche hat er versucht, Zyankali zu schlucken, sich vor den Zug zu werfen und sich aufzuhängen. Und er hat mehrere Busreisen unternommen."

„Rüdiger, stimmt das etwa alles?", frage ich überrascht.

„Was hätte ich sonst machen sollen, Osman? sagt Rüdiger verzweifelt. „Zyankali wirkte nicht bei mir, der Zug wurde umgeleitet, und das Seil ist mehrere Male gerissen! Und mit den Busreisen hatte ich auch kein Glück. In letzter Zeit gibt es doch in Deutschland nur noch eine sichere Selbstmord-Methode: indem man sich soviel wie möglich in den Wohnungen von Ausländern aufhält!"

„Neger-Lotto"

„Es wird Zeit, hast du deinen Lottoschein schon abgegeben?" fragt der Abgeordnete im dunkelblauen Nadelstreifenanzug.

„Bisher noch nicht", antwortet der Parteisekretär im braunen Zweireiher.

„Fünf Nummern habe ich schon getippt. Aber wegen der sechsten Zahl schwanke ich noch zwischen Duisburg und Bottrop."

„Hast du etwa aus dem Osten nichts dabei?"

„Na klar, ich bin doch nicht verrückt. Chemnitz und Leipzig sind bei mir in dieser Woche die Favoriten."

„Nicht schlecht der Tip. Aber ich bin beim Lotto noch nie über zwei Treffer hinausgekommen. Diese Woche will ich mindestens fünf Richtige haben."

Bei dem Wort Lotto fällt mir gleich der Hammer aus der Hand. Ich spiele alle möglichen Gewinnspiele: Pferderennen, Hunderennen, Kamelrennen, Menschenrennen, Toto, Mittwochslotto, Samstagslotto, Sonntagslotto und vieles mehr. Aber von diesem Lottosystem mit Städtenamen habe ich noch nie etwas gehört. Ich schubse meinen Arbeitskollegen gleich mit dem Ellbogen von

der Leiter und sage, nachdem er unten auf dem Boden liegt: „Du, Wirtschaftsflüchtling, frag die Parteibonzen dort drüben mal, was für eine Art Lotto das ist!"

Mein Arbeitskollege, der Wirtschaftsflüchtling, heißt mit bürgerlichem Namen Hans Koslowsky und kommt aus Sachsen-Anhalt. Von unserer Firma aus arbeiten wir beide seit zwei Tagen auf Montage. In diesem Parteigebäude hier tauschen wir alle Heizkörper aus.

Nach drei Wodkapausen kommt der Wirtschaftsflüchtling zurück. „Also Osman, das ist ein ganz einfaches Spiel. Das kapierst sogar du als Kümmeltürke. Die haben 49 Asylantenheimen in ganz Deutschland eigene Nummern gegeben. Pro Woche kann man sechs davon tippen, genau wie im normalen Lotto. Wenn im Laufe der nächsten Woche die Asylantenheime abgefackelt werden, auf die man getippt hat, dann hat man gewonnen. Die Leute hier im Haus schwärmen geradezu von diesem Spiel. Das sei die einzige Art von Lotto, bei der man nicht nur Glück haben, sondern über eine gehörige Portion Bürgernähe und Menschenkenntnis verfügen muß. Das Spiel nennen sie ‚Neger-Lotto'!"

Ich bin völlig sprachlos. Ich weiß nicht, was ich sagen soll.

„Na, was sagst du dazu?" fragt Hans, der Wirtschaftsflüchtling.

„Ich bin völlig sprachlos! Ich weiß nicht, was ich sagen soll", sage ich.

„Hör mal zu, es kommt noch besser. Bei der ‚Super-Zahl' mußt du eine Zahl eintragen. Damit kannst du den Jackpot knacken. Du mußt genau voraussagen, wieviel Neger in der jeweiligen Woche plattgeklatscht werden."

„Du kannst jetzt mal tippen, welchen von den Parteibonzen ich gleich zuerst plattklatsche", sage ich. „Bei

Allah, sowas betreiben die hier Woche für Woche als Spiel?!"

„Außer dem Dicken da drüben", sagt der Wirtschaftsflüchtling und zeigt auf einen jungen Mann, der gerade Plakate faltet.

„Wie kommt der arme Mensch denn mit all den Tieren hier aus?"

„Der Dicke darf nicht mehr mitspielen, weil er vor ein paar Wochen geschummelt hat. Er hat mit seinen Freunden zwei Asylantenheime abgefackelt, die er zuvor auf seinem Lottoschein getippt hatte. Als das herauskam, durfte er den ganzen Gewinn behalten. Zur Strafe bekam er aber sechs Wochen Spielverbot! Dafür spielt er jetzt mit seinem Bruder Asylantenheime-Versenken."

Der Nadelstreifenanzug ruft in das Nebenzimmer: „Hat der Bundesvorsitzende schon seinen Tippschein rübergefaxt? Es wird langsam Zeit."

„Nein, bisher noch nicht. Ich habe ihn gerade am Apparat gehabt. Er ist sich seiner Sache diesmal ganz sicher. Diese Woche will er einen Sechser haben und dazu noch den Jackpot knacken. Aber zur Zeit übt er noch an seiner monatlichen Rede gegen Ausländerfeindlichkeit!"

Die Grill-Party

Meine Party ist ein Mördererfolg! Nicht nur alle meine Bekannten sind anwesend, sondern die halbe Stadt. Die Stimmung ist prächtig. Das schönste Straßenfest seit 1636! Seit der letzten öffentlichen Hexenverbrennung auf dem Marktplatz.

Meine Frau verkauft Erbsensuppe mit Bockwurst. Mehrere Toilettenhäuschen habe ich mieten müssen, damit meine deutschen Gäste nicht die Straße dafür benutzen. Die sind doch keine Sinti oder Roma. Ich habe extra vier Profi-Animateure eingestellt, damit die blöde gaffende Menge weiß, wann sie zu klatschen hat.

An meine jugendlichen Freunde, die Skinheads, verschenke ich selbstgemachte Bio-Molotowcocktails aus bleifreiem Benzin. „Deutschland, Deutschland über alles!" singen sie. Und die Menge tobt: „Heil, heil, heil!" Meine Tochter macht ein Bombengeschäft durch Ferngläser mit Festlichtverstärker. Für die ganz hinten stehenden Gaffer, die genau und deutlich sehen wollen, wie die Negerbabys brennen. Diese Partys sind in Deutschland mal wieder „in". Alle 50 Jahre wiederholt sich die Mode. Mein Sohn verkauft zum Selbstkostenpreis Polaroid-Fotos von brennenden Negern. Damit die Leute später prahlen können, daß sie bei dieser tollen Party dabeigewesen sind. Dabeisein ist doch alles. Man gönnt sich ja sonst nichts.

Mein Schlafzimmer baue ich zum „Internationalen Pressezentrum" für die anwesenden Journalisten um. „Das ist eine tolle Idee", sagt meine Frau, „endlich passiert mal wieder was Spannendes in unserem Schlafzimmer."

„Papi, Papi", ruft meine Tochter, „jetzt, wo du alle deine Haare und den Schnurrbart abrasiert hast, siehst du genau so aus wie alle anderen."

„Ja, meine Tochter, heutzutage muß man mit der Zeit gehen. Das ist der letzte Schrei."

Für die unbeaufsichtigten Kinder, deren Eltern heute Abend voll damit beschäftigt sind, Asylantenheime abzufackeln, habe ich ein attraktives Kinderprogramm auf die Beine gestellt. Ein staatlich anerkannter Neonazi bringt dem deutschen Nachwuchs spielend bei, wie man kindgerechte, farbenfrohe Molotowcocktails bastelt. Weiterhin lernen sie, warum die Deutschen die wahren Herrenmenschen sind. Und mit welchen Chemikalien man Menschen anderer Hautfarbe verbrennen sollte, um die Umwelt nicht unnötig zu belasten.

Vorsichtshalber benachrichtige ich auch die Polizei, daß hier eine stinknormale, alltägliche Asylantenabfackelparty stattfindet und auf keinen Fall eine Ruhestörung ehrbarer Bürger. Damit die nicht aus Versehen die Party stören.

„Meine Herrschaften, es kommen immer noch mehr Gäste", rufe ich mit dem Megaphon der Menge zu. „Bitte rücken Sie noch einmal kräftig nach rechts rüber."

Mein Sohn fragt mich: „Mehr nach rechts? Geht das denn überhaupt noch? Noch ein Schritt weiter und wir sind wieder bei '33!"

Im Glanze des Feuers erkenne ich in den strahlenden Augen meiner Nachbarn und Bekannten, daß meine Asylantenabfackelparty ein grandioser Erfolg ist. Mehrere Deutsche klopfen mir anerkennend auf die Schulter.

Während ich einem Skinhead die Glatze streichele, rufe ich mit stolz geschwollener Brust meiner Frau zu: „Nach all den Jahren haben sie uns endlich aufgenommen. Als Ausländer muß man nur wissen, wie man sich am besten integriert. Jetzt sind wir auch richtige Deutsche geworden."

Auf der Party sind aller Herren Menschen glücklich und fröhlich. „Ein tolles Fest", ruft eine Frau ihrem Mann zu, „viel besser als die normalen, langweiligen Partys, bei denen nur Würstchen gegrillt werden!"

Hast du Feuer?

„Ihr Kameltreiber, ihr Knoblauchfresser, ihr Kümmeldeutschen", schreie ich den jungen deutschen Zeitungsverkäufer an, der mich um 15 Pfennige betrogen hat. „Ihr Analphabeten, ihr könnt nicht mal bis zehn rechnen. Ihr germanisches Pack, versucht ja nur, einen anständigen Bürger auszurauben. Ihr elenden Betrüger. Ihr Gangster. Ihr Halsabschneider und Messerstecher!"
„Osman, schämst du dich nicht, wegen der lächerlichen 15 Pfennig den armen Jungen so anzuschreien", schimpft meine Frau und versucht mich vom Zeitungsstand wegzuziehen.
„Frau, sei ruhig. Du wolltest doch immer, daß ich mich wie ein Deutscher benehme. Und nicht wie so ein Kanake. Jetzt benehme ich mich schon mal so…"
„Doch nicht wegen lächerlicher 15 Pfennig!"
„Frau, ich rege mich doch nur genauso auf, wie die Typen, die dich letzte Woche in der Straßenbahn angemacht haben. Und das alles nur wegen deines Kopftuchs. Dabei hast du dein Kopftuch ganz allein für dich getragen und niemanden gezwunden, es mit dir zusammen zu tragen!"

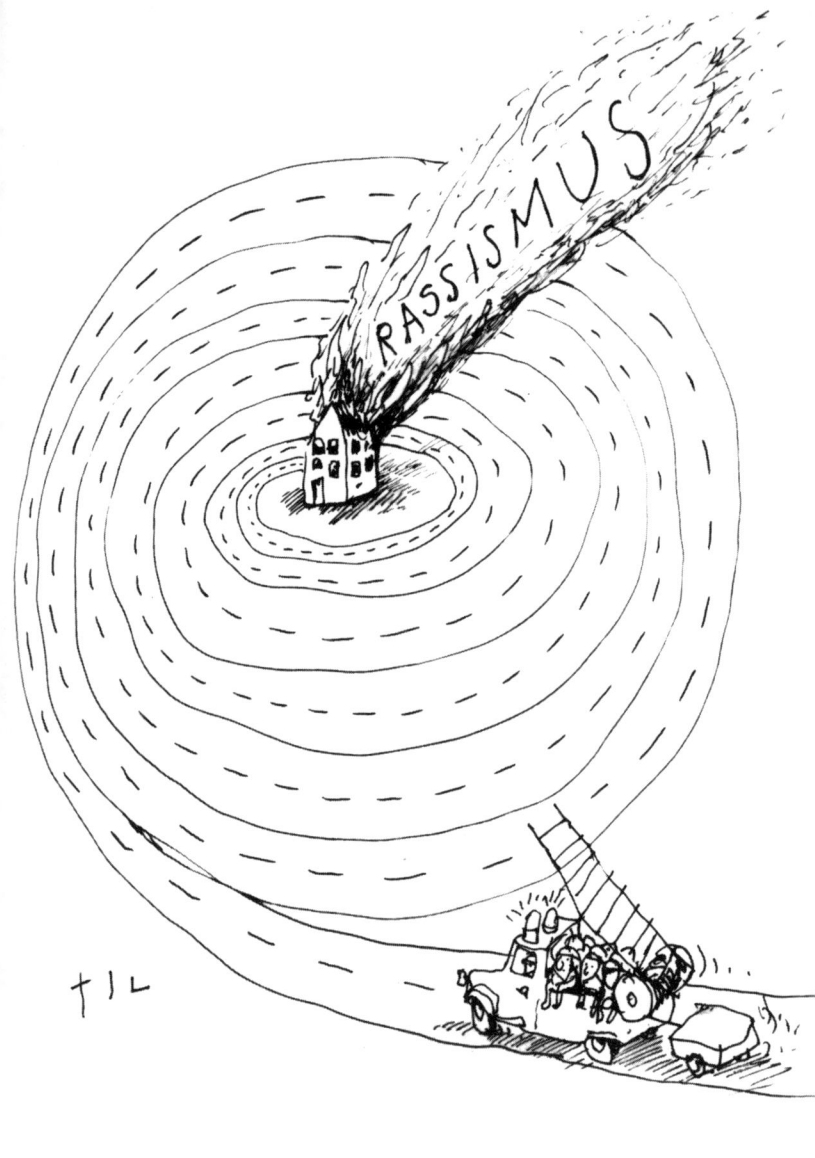

„Aber Osman, als ich sagte, du sollst dich endlich wie ein Einheimischer benehmen…"

„Ich bin doch schon längst ein Einheimischer!"

„Ich meine doch wie ein Deutscher. Als ich sagte, du sollst dich wie ein Deutscher benehmen, da meinte ich doch nur die positiven Seiten."

„Du Betrüger! Wo wohnen denn solche Leute wie du?" brülle ich den Zeitungsjungen wieder an.

„Osman, bist du wahnsinnig, willst du vielleicht seine Wohnung anzünden?!"

„Nein, soweit lasse ich mich auch nicht integrieren! Ich werde mich nur bei seinen Eltern beschweren. Entweder erziehen sie ihren Sohn wie einen zivilisierten Menschen oder sie können gleich alle zusammen abhauen. Am besten gleich nach drüben!"

„Osman, wo ist denn für dich drüben?"

„Das ist mir völlig egal! Wenn jeder Zeitungsverkäufer hier um 15 Pfennig betrügen würde, dann würde die deutsche Wirtschaft von einer Katastrophe in die nächste schlittern!"

„Osman, rede keinen Schwachsinn! Laß den armen Jungen in Ruhe! Jetzt komm endlich, ich muß nach Hause."

Daheim angekommen, schluchzt meine Tochter Hatice: „Mama, Papa, wo seid ihr denn so lange gewesen?! Ich habe solche Angst gehabt."

Wütend ruft mein Sohn Mehmet dazwischen: „Vater, komm her, schau dir das an. Im Fernsehen zeigen sie gerade, wie viele Häuser allein gestern abgebrannt worden sind, zwei sogar in unserer Nachbarschaft. Aber darüber spricht kein Mensch, weil zufällig niemand gestorben ist!"

„Mami, hoffentlich brennen die nicht auch noch unsere Wohnung ab", weint Hatice.

143

„Aber Kind, wein' doch nicht, es passiert schon nichts",
entgegnet Eminanim. Bei dem Lärm und dem Geheule
kann ich vom Fernseher kein Wort verstehen. Ich nehme
meine Jacke und gehe in das Caféhaus.

Mitten in der Nacht klettere ich aus dem Bett. Ich habe
ohnehin kein Auge zumachen können. Ohne meine
Frau zu wecken, schleiche ich auf Zehenspitzen hinaus
und steige ins Auto. Kurzentschlossen fahre ich zur
nächsten Tankstelle und kaufe einen Kanister Benzin.
Mit einem Stapel alter Zeitungen und dem Kanister im
Kofferraum fahre ich zu der Wohnung. Den Wagen stelle ich natürlich zwei Straßen weiter ab. Ohne von
jemanden gesehen zu werden, erreiche ich das Haus
und steige durch ein offenes Fenster in den Keller hinab.
Schnell schütte ich das Benzin überall hin. Es ist das
erste Mal, daß ich einen Brandanschlag verübe. Aber ich
denke nicht darüber nach. Ich lasse keinen Zweifel in
mir aufkommen, ich weiß genau, was ich tue. In mir ist
die Wut! Haß auf alle, die mich erniedrigt haben.

Plötzlich, noch bevor ich das Benzin anzünden kann,
wird die Kellertür aufgerissen und jemand stürzt herein.
Man hat mich auf frischer Tat ertappt.

„Ich hab's gewußt, ich hab's gewußt, daß du Idiot heute
was ganz Wahnsinniges vor hast!" schreit die Stimme.

Die Situation ist so eindeutig, da gibt's nichts zu leug-
nen. „Osman, du bist sogar zu blöd, um ein Rassist zu
sein! Man fackelt doch nicht seine eigene Wohnung ab!"
schreit meine Frau hysterisch.

„Ach Frau, du hast doch keine Ahnung, was ich durch-
machen muß", beichte ich verzweifelt. „Alle meine
Freunde im türkischen Café machen sich lustig über
mich. Alle lästern, daß ich doch kein richtiger Türke sei.
Mein Stolz und meine Ehre sind am Boden zerstört. Fast

144

allen meinen türkischen Bekannten hat man nämlich Brandsätze in die Wohnung geworfen, nur mir nicht! Bei Allah, ich kann diese Schande nicht mehr ertragen! Reich mir mal das Feuerzeug rüber!"

Homo Germanicus

Genetisch läßt sich diese eigenartige Spezie „Homo Germanicus" in vier Untergruppen aufteilen:
a.) der Homo Feuerschürer, b.) der Homo Feuermacher, d.) der Homo Feuerlöscher, und viertens gibt's noch den Homo Scheulappicus, auch genannt Homo Yuppicus! Das sind die, die mit dem ganzen Feuer nichts zu tun haben wollen.

Für Laien, die sich bisher in die Wissenschaft des Homo Germanicus nicht so sehr vertieft haben, möchte ich einige Merkmale aufführen, um sie einfacher voneinander zu unterscheiden.

Den Homo Feuerschürer gibt es sowohl in der Amateur- als auch in der Profiausgabe. Der Amateur sitzt am Stammtisch und der Profi im Parlament. Der Homo Feuermacher sitzt vor dem Fernsehapparat. Die Homo Feuerlöscherin sitzt in der Bürgerinitiative und der Homo Scheuklappicus sitzt vor seinem Computer.

Auch äußerlich sind sie gut unterscheidbar. Der Profi-Feuerschürer trägt Nadelstreifenanzüge, die Amateurausgabe bevorzugt Jogginghosen. Der Homo Feuermacher trägt Bomberjacken und Springerstiefel. Die Homo Feuerlöscherin liebt Birkenstock-Sandalen und naturbelassene Öko-Pullover. Der Homo Scheuklappicus trägt ausschließlich Designer-Klamotten.

Der Homo Germanicus informiert sich aus sehr unterschiedlichen Quellen: Der Profi-Feuerschürer liest die „Welt" und das „Handelsblatt". Der Amateur-Feuerschürer liest das „Goldene Blatt". „Neue Revue" und „Bild". Der Homo Feuermacher liest, vorausgesetzt er kann lesen, die „National Zeitung". Die Homo Feuerlöscherin hat „Stern", „Spiegel", „Frankfurter Rundschau", „TAZ" und die „Stiftung Warentest" abonniert. Der Homo Scheuklappicus liest „Max". „Wiener", „Tempo" und die „Financial Times".

Die vier Untergruppen des Homo Germanicus haben mit der Zeit auch sehr unterschiedliche Eßgewohnheiten entwickelt: Der Profi-Feuerschürer ernährt sich normalerweise von Hummer und Kaviar, lediglich alle vier Jahre vertilgt er öffentlich einen Teller Erbsensuppe. Der Amateur-Feuerschürer futtert ausschließlich Eisbein, Sauerkraut und Kartoffeln. Der Homo Feuermacher stopft sich mit „Hansapils" aus der Dose und Chips voll. Die Homo Feuerlöscherin verzehrt primär Reformhauskost, Pizza und Döner-Kebab. Der Homo Scheuklappicus ernährt sich in erster Linie sündhaft teuer und zweitens japanisch.

Die typischen Nistplätze der verschiedenen Abarten des Homo Germanicus werden wie folgt beschrieben: Der Profi-Feuerschürer residiert mit Leibwächter in seiner bescheidenen Luxusvilla. Der Amateur-Feuerschürer träumt vom Einfamilienhaus auf dem Lande. Der Homo Feuermacher vegetiert im kaputten Elternhaus. Die Homo Feuerlöscherin wohnt im städtischen Mehrfamilienhaus. Der Homo Scheuklappicus haust in Penthäusern und luxussanierten Altbauwohnungen.

Und in diesen Klimazonen, welche unten aufgeführt worden sind, kann man den Homo Germanicus häufig im Urlaub beobachten: Der Homo Profi-Feuerschürer wandert im Urlaub durch deutsche Lande und macht Parlamentarierreisen auf Staatskosten nach Madagaskar. Den Homo Amateur-Feuerschürer trifft man scharenweise auf Gran Canaria und Mallorca. Der Homo Feuermacher macht Urlaub in Rostock, Hoyerswerda, Mölln und Solingen. Die Homo Feuerlöscherin macht Studienreisen durch die Stüdtürkei, Kreta und Asylbewerber-Unterkünfte. Der Homo Scheuklappicus fährt übers Wochenende nach Sylt und Ibiza beziehungsweise hält sich ansonsten am liebsten auf den Seychellen oder in Brasilien auf.

Obwohl die viereinhalb Gruppen des Homo Germanicus sich tendenziell der gleichen Sprache bedienen, so unterscheiden sie sich linguistisch doch erheblich voneinander: Der Homo Profi-Feuerschürer ruft „Das Boot ist voll" und anschließend „Ich bin tief betroffen!" Der Homo Amateur-Feuerschürer sagt: „Ich hab ja nichts gegen Ausländer, aber...". Der Homo Feuermacher brüllt: „Ausländer raus, Deutschland den Deutschen!". Die Homo Feuerlöscherin flüstert „Liebe deinen Nächsten usw." Der Homo Scheuklappicus jubelt „Hurra, der Dollar ist gefallen!"

Da kann sich der Homo Osmanicus nur entsetzt an den Kopf fassen und stöhnen: „Oh, armes Germanien!"

Bei Allah, das beste an mir ist doch zweifelsohne: daß ich überhaupt keine Vorurteile habe!!

Der Sauna-Prophet

„Hey, Ali, sag mal wie spät es ist!"
Ich schaue mich genau um, doch außer mir und diesem
Deutschen ist niemand auf der Straße. Alle anderen sind
weit weg. Inclusive der vielen Ali's.
„Hey, Ali, bist du taub, oder hast du was an den Ohren!"
„Ich bin nicht Ali, ich heiße Osman, mein Herr", will ich
sagen, aber ich lasse es sein.
Schlagartig fallen mir nämlich die Ratschläge von
Sauna-Nedim ein (manche Leute nennen ihn auch
„Nedim der Finne", weil er es öfter mit der Sauna treibt
als mit seiner Frau).
Letzte Woche schleppte er mich wieder mit zu seinem
täglichen Saunabesuch.
„Osman", sagte er mir, „widerspreche niemals einem
Deutschen! Glaube mir, das wäre das Falscheste, was
du in so einer brenzlichen Situation tun könntest. Selbst
wenn ein Deutscher dich mit Ali anredet und nicht mit
Osman, dann nimm es als Gottgegeben hin. Abgesehen
davon klingt Osman auch nicht viel besser als Ali."
„Es ist gleich acht Uhr abends, mein Herr." Dabei schaue
ich mir den Deutschen, der mich angesprochen hat,

etwas genauer an, ob ich ihn irgendwoher kenne. Aber ich bin mir ziemlich sicher, daß ich diesen Riesenkerl noch nie gesehen habe. Ich bin sicher, daß er mich mit irgend jemandem verwechselt. Möglicherweise mit irgend jemandem namens Ali.

Außerdem sagte mir damals „Nedim der Finne" in der Sauna: „Osman, denk daran, obwohl die Deutschen Weltmeister beim Verreisen sind, haben die meisten immer noch keine Ahnung von der Welt. Viele halten Kalkutta immer noch für die Hauptstadt von Athen, wo die Känguruhs das Straßenbild prägen. Wenn dir jemand sagt, ‚in eurer Heimat könnt ihr doch mehrere Frauen heiraten; und wie geht es deinen vier Frauen', dann bloß nicht widersprechen! Sag den Deutschen einfach, meinen vier Frauen gehts prima, und ich soll euch von denen ganz herzlich grüßen."

„Na, Ali, wie gehts deinem Harem?" fragt der Rothaarige „Du hast doch mindestens vier Ehefrauen, so wie du aussiehst!" Ich bekomme einen Schock! Entweder kann der Rothaarige Gedanken lesen oder Sauna-Nedim ist der größte Deutschlandkenner aller Zeiten. Oder aber ich träume mitten auf dem Bürgersteig.

„Ali, sag schon, wie gehts deinen vier Weibern?" fragt er weiter.

„Prima, ich kann mich nicht beklagen", stottere ich.

„Und grüßen die mich etwa nicht herzlich?"

Um nicht umzukippen, halte ich mich am Halteverbotsschild fest. Nein, das kann kein Zufall mehr sein. Und ich träume auch nicht. Ich bin nämlich gerade in einen Haufen Hundescheiße getreten. Und der Haufen stinkt ekelhaft. Ich bin schon öfters in Hundescheiße getreten. Und ich habe schon öfters Übles geträumt. Aber noch nie Übelriechendes.

„Doch, doch", wiederhole ich, „alle meine vier Frauen grüßen dich herzlich."

So große Menschenkenntnis kann ein einzelner Mann doch gar nicht haben. Dieser Nedim muß so eine Art Prophet sein. Schade, daß ich nicht immer nett zu ihm war. Er hätte ein gutes Wort für mich drüben – ich meine nicht Ost-Zone, sondern das Jenseits – einlegen können. In dieser Welt läuft nichts ohne die entsprechenden Beziehungen. Ich vermute, in der anderen Welt läuft das auch nicht viel besser.

„Es kann sogar mal passieren, daß man dich übel beleidigt", sagte der Sauna-Prophet Nedim damals. „Und ich sage dir, du sollst dich nicht aufregen. Sei immer freundlich und lächle."

„Du Idiot, du siehst aus wie eine dumme Sau!" brüllt der Rothaarige mir plötzlich ins Ohr.

Nein, ich rege mich nicht auf. Ich bleibe freundlich und lächele.

„Sie haben ja so recht", sage ich, „meine Frau war auch schon immer ganz ihrer Meinung."

Ich überlege krampfhaft, wie ich meine Sünden, die ich gegenüber dem Propheten Nedim verbrochen habe, wieder gutmachen kann. Erst kürzlich winkte er mir vom Straßenrand aus freundlich zu, er wollte mitgenommen werden. Laut hupend und grinsend fuhr ich mit Vollgas an ihm vorbei. Ich bin mir ganz sicher, daß er mich erkannt hat. Ich hoffe nur, er hat nicht erkannt, daß ich absichtlich in die große Wasserpfütze vor ihm reingefahren bin.

Wie sagen die Deutschen doch so schön: Der Prophet gilt im eigenen Lande nichts. Und wie sagte der Sauna-Prophet damals noch so weise:

„Osman, auch wenn so ein Kerl dir sagt, ‚Deutschland den Deutschen, geh doch in deine Heimat zurück, wo

nur Kamele rumlaufen, dann verschweige, daß du schon seit 30 Jahren hier lebst, und sage kein Wort, daß dies hier deine Heimat sei. Reg dich bloß nicht auf! Am besten, du sagst nur, jawohl mein Herr, ich gehe zu meinen Kamelen!"

„Deutschland den Deutschen", brüllt der Riesenkerl in mein anderes Ohr. „Geh doch in deine Heimat zurück, wo nur die Kamele rumlaufen."

Ich rege mich überhaupt nicht auf. Ich sage kein Wort, daß ich hier seit 30 Jahren lebe. Ich verrate ihm auch nicht, daß dies hier meine Heimat ist. Ich sage ihm nur: „Jawohl, mein Kamel, ich gehe zu meinem Herren zurück. Oh, Verzeihung, ich meine es natürlich umgekehrt."

Wie sagen die Deutschen nochmals so schön: „Wenn der Prophet nicht zum Berg kommt, dann muß der Berg zum Propheten kommen."

Ich als Berg fange sofort an, nach dem Propheten zu suchen. Nach langem vergeblichem Suchen, also nach zehn Minuten, beschließe ich, in der Fachliteratur nachzulesen, wo der Sauna-Prophet verweilen könnte. Ich bin sicher, daß ich ihn in der Bibel finden kann. Im Alten Testament unter dem Kapitel „die verlorenen Propheten von Bethlehem, Nazareth und Bremen-Neustadt"!

Und es steht geschrieben, du sollst den Propheten-Nedim finden, saufend am Hauptbahnhof. Und siehe da, die Bibel hat doch recht. Der Sauna-Prophet-Nedim kommt mir am Hauptbahnhof mit einer Flasche Bier in der Hand laut grölend entgegen. Ich laufe schnell auf ihn zu und küsse seine weisen Hände. Ich habe noch nie die Hände von einem Propheten geküßt. Außer die von meiner Frau. Ich trage den Sauna-Propheten auf den Schultern.

„Hey, Osman, was machst du da, bist du bescheuert geworden", sagt er.

„Die gesegneten Füße eurer Heiligkeit dürfen diesen schuldigen Boden nicht berühren", stöhne ich, während ich den 100-Kilo-Klotz Nedim auf den Schultern trage. Mit ihm auf den Schultern stürme ich in ein sündhaft teures Restaurant hinein.

„Auch Propheten sollen mal die angenehmen Seiten der bösen Welt kennenlernen", sage ich und rufe nach dem Kellner.

Eine Stunde später, nach einem tollen Essen mit sechs Gängen, sage ich ihm, während der Prophet seinen dritten Nachtisch verschlingt:

„Wie kann ein Mensch nur so viel fressen, du hast mich ruiniert, du Untier!"

Nein, nein, das sage ich natürlich nicht. So was denke ich nicht mal. Statt dessen sage ich nur höflich:

„Oh, großer Meister, alles was Sie prophezeit haben, ist eingetroffen. Ein Deutscher hat zu mir gesprochen. Sie hatten ja so recht, er hat genau die Wörter benutzt, die Sie vorausgesagt haben. Und ich habe mich überhaupt nicht aufgeregt."

„Dann hat dich Helmut also doch schon getroffen. Ich habe ihn zu dir geschickt, um mit dir zu proben, damit du im Ernstfall nicht ausflippst. Übrigens Osman, danke für das tolle Essen. Einem stadtbekannten Geizkragen wie dir hätte ich das nicht zugetraut. Aber warum sprichst du mich denn die ganze Zeit mit ‚Sie‘ an?! Osman, was machst du da? Bist du immer noch nicht satt?! Warum versuchst du den Tisch durchzubeißen?!"

Der Rentenkiller

„Adolf Krummsack", meldet sich der Beamte am Telefon.

„Ja, guten Tag, ich sollte heute bei Ihnen anrufen. Man hat mir gesagt, daß Sie mir den endgültigen Bescheid geben könnten. Mein Name ist Eng…"

„Ich weiß, ich weiß!" unterbricht mich der Beamte. „Ich hab noch mal nachgefragt, es gibt keine Schwierigkeiten."

Ich halte den Hörer zu und klatsche meiner Frau vor Freude auf den Hintern.

„Eminanim, das mit meiner Frührente klappt! Oh, ist das schön, ich brauche nicht mehr zu arbeiten. Endlich nach 30 Jahren können wir in die Türkei zurück."

„Osman, frag ihn doch mal, wieviel Geld du im Monat kriegst! Und mach mal den Lautsprecher an. Ich will selber hören, wie hoch die Beute ist, wegen meiner 80 Prozent!"

„Entschuldigung, ich wollte wissen, wieviel Geld mir denn zusteht?" frage ich den Beamten.

„Das mit dem Geld geht auch alles klar", sagt er, „Sie bekommen den normalen Satz".

Meine Frau und ich führen einen Fruchtbarkeitstanz auf, der seinen Ursprung an der Schwarzmeerküste hat.

„Osman, dieser Tanz stammt wohl eher aus Mittelanatolien", sagt sie, während sie ihren Hintern so durch die Gegend donnert, daß der Fußboden kracht.

„Frau, ich will mich mit dir nicht wegen dem Tanz streiten, wo doch meine Frührente genehmigt ist."

„Ich auch nicht", ruft sie, während sie weiterhin den Fußboden krachen läßt, „aber dieser Bauchtanz stammt trotzdem aus Mittelanatolien".

„Das ist eine tolle Nachricht", sage ich ins Telefon, „dann kann ich ja bald in die Türkei."

„Das ist eine gute Idee", sagt er „wenn Sie erst mal eine Zeitlang untertauchen."

„Als wärst du ein Verbrecher und kein Frührentner", flüstert meine Frau, „so eine Unverschämtheit, was soll das heißen ‚untertauchen'?"

„Das heißt nichts anderes, ich brauche mich bei keiner Behörde mehr zu melden. Die Rentenversicherungsanstalt hat alles für mich erledigt", belehre ich mein ungebildetes Weib.

„Wann bekomme ich denn mein Geld?" frage ich.

„Das wird wie üblich in den nächsten Tagen auf Ihr Konto überwiesen. Genau 17 000 Mark".

Der Telefonhörer und meine Frau fallen gleichzeitig auf den Boden.

„Jeden Monat 17 000 Mark", wiederholt sie immer wieder. Da ist doch bestimmt ein Fehler, will ich sagen, aber meine Frau hält mir brutal den Mund zu.

„Osman, bist du wahnsinnig, halts Maul! Der Computer muß sich geirrt haben. Die wollen aus Versehen dir die Rente von Björn Engholm geben. Engin und Engholm, versteh doch, die Namen sind vertauscht worden."

„Was? Wie? 17 000 kriege ich?" stottere ich in den Hörer.

„Das Geld kriegen Sie wie abgesprochen, nachdem Sie alles erledigt haben."

„Nachdem ich was erledigt habe? Den Engholm?!"

„Mensch Osman, der Engholm war doch eine Idee von mir. Du bringst jetzt alles durcheinander, du Idiot", zischt meine Frau mir ins Ohr.

„Respekt, Respekt", sagt der Beamte „den Engholm trauen Sie sich auch noch zu?"

„Bei Allah, jetzt ist alles zu spät, jetzt hat er es gemerkt", stöhnt Eminanim.

„Bitte, bitte, ich wollte Sie nicht täuschen. Ich will das Geld von Björn Engholm doch gar nicht haben", rufe ich weinerlich.

Aber der Beamte hört mich überhaupt nicht an und sagt: „Das kann ich so gar nicht alleine entscheiden. Darüber muß ich mit meinem Chef sprechen – Moment mal", legt den Hörer auf den Schreibtisch und geht.

„Osman, du bist so hohl! Jetzt ist die 17 000-Mark-Rente garantiert verloren!"

„Frau, du bist so ein dreistes Weib! Ich bin schon froh, wenn ich meine armselige, kleine Frührente bekomme. Ich glaube kaum, daß jemand, der einen wichtigen deutschen Politiker umbringt, noch Rente bekommt. Bei Allah, wahrscheinlich stecken sie mich sogar lebenslänglich ins Gefängnis. Dabei wollte ich ein Mensch sein, der sich in nichts einmischt. Ich wollte nie Ärger haben. Ich wollte nie unangenehm auffallen. Und jetzt bin ich der Mörder von Björn Engholm."

„Osman, du bist nicht der Mörder von Engholm. Da, schau hin, er ist im Fernsehen und quicklebendig."

„Aber das ist doch kein Trost", sage ich. „Wenn er in den nächsten 40 Jahren tot umfallen sollte, dann bin ich der erste, den sie sich schnappen werden."

Plötzlich ist Herr Krummsack wieder in der Leitung. „Ich muß noch mal nachfragen, wieviel Sie für den Engholm haben wollen?"

Ich wußte schon immer, daß das organisierte Verbrechen und der Staat Hand in Hand arbeiten, aber daß die Rentenkasse auch für die Beseitigung von Politikern zuständig ist, so was habe ich mir nie träumen lassen.

„Ist doch logisch", spekuliert meine Frau, „dann braucht die Rentenkasse nicht so hohe Pensionen zu zahlen."

Diese Logik überzeugt mich. Und zum erstenmal bin ich froh, daß ich eine so erbärmlich kleine Arbeiterrente bekomme.

„Sagen Sie mal, ab wieviel Tausend Mark Rente schicken Sie den Leuten einen Killer ins Haus?" frage ich neugierig.

„Sie sind der erste, der sein Kopfgeld in Form von Rente haben will", meint Herr Krummsack.

„Ich bin doch kein Killer, Herr krumme Sackbearbeiter..., ich meine Herr Sachbearbeiter Krummsack", flehe ich ihn an. „Ich habe noch keiner Fliege etwas zuleide getan. Ich habe noch nicht mal einen Menschen umgebracht!"

„Alles in Ordnung! Ich hab's verstanden, Sie sind Anfänger", ruft der Beamte „kommen Sie nun endlich in die Zentrale und holen Sie sich Ihre Sachen ab."

„Was soll ich abholen, meine Unterlagen, meine Akten, meine Rente?!"

„Nein, das Geld gibt's später. Jetzt holen Sie sich erst mal Ihre Molotowcocktails ab!"

„Was soll ich abholen? Molotowcocktails? Was soll ich denn damit?!"

„Sie sind doch unser Mann, der heute Abend das Asylantenheim in der Richard-Wagner-Straße in die Luft jagen will, oder nicht?!" fragt Herr Krummsack völlig entnervt.

„Osman, der Typ ist niemals von der Rentenkasse", schreit meine Frau und klatscht den Hörer aufs Telefon. „Osman, du bist so unfähig, das gibt's überhaupt nicht! Du hast die Nummer von diesen schwachsinnigen Rechtsradikalen gewählt, du Idiot! Erst letzte Woche hast du eine halbe Stunde lang mit diesem chinesischen Reisbauer in Schanghai telefoniert, bevor du gemerkt hast, daß dies nicht meine Eltern in der Türkei waren!"

„Was kann ich denn dafür?" sage ich trotzig. „Deine Mutter spricht doch genauso schlecht türkisch wie der chinesische Bauer in Schanghai!"

Illegaler Blinddarm

„Beiß deine Zähne zusammen Mustafa, ein richtiger Türke kennt keinen Schmerz!"
Doch Mustafa windet sich vor Schmerzen auf meinem Wohnzimmerteppich. „Aber Osman, ich beiße die Zähne doch schon zusammen; die ersten sind bereits gebrochen!" stöhnt er.
„Bist du auch ganz sicher, daß es wirklich der Blinddarm ist, Mustafa? Vielleicht hast du dir ja nur den Magen verdorben. Du hast gestern so viel Bohnensuppe in dich reingeschaufelt", sage ich in der stillen Hoffnung, daß er mir zustimmen möge.
„Nein, Osman, nein! Diese verdammten Blinddarmschmerzen habe ich doch schon seit Wochen, nur so schlimm wie heute morgen waren sie noch nie."
Ich versuche, ihn aufzuheitern und frage: „Lieber Mustafa, kann es sein, daß du schwanger bist? Bestimmt bekommst du bald eine hübsche Tochter."
„Ich habe bereits drei Töchter in der Türkei, was soll ich damit?" In seiner Stimme höre ich den Schmerz mitschwingen.

Das Telefon steht direkt neben mir, doch ich darf keinen Arzt für Mustafa rufen. Ein Krankenhaus anzurufen, kommt mir wie der größte Luxus vor. Ich fühle mich so, als wären ringsum überall Toiletten, aber ich bin gezwungen, in die Hosen zu machen.

„Wenn man in Deutschland illegaler Arbeiter ist, dann verläßt einen auch Allah", stöhnt Mustafa mit schmerzverzerrtem Gesicht.

„Wieso", frage ich, „war er hier schon mal mit dir zusammen?"

„Nur weil wir Illegale sind, behandelt man uns so, als seien wir keine Menschen."

Ich kenne Mustafa seit zwei Jahren. Er wohnt drei Häuser weiter auf dem Dachboden mit sechs anderen Illegalen, die wie er alle nur beim Gartenbau Arbeit gefunden haben. Wenn Mustafa mal auf die Straße geht, dann setzt er sich immer diese blonde Langhaar-Perücke auf, die ich ihm auf dem Flohmarkt besorgt habe. Er sieht damit richtig niedlich aus, mit seinen langen blonden Haaren und dem pechschwarzen Schnurrbart.

Jetzt liegt er vor mir auf dem Teppich und schaut zu mir hoch, wie ein Schaf – eins von denen, die beim Opferfest in der Türkei an jeder Ecke geschlachtet werden. Ich schaue hilflos zu meiner Frau hinüber, die für unseren Landsmann einen besonders gesunden Lindenblütentee gekocht hat. Mustafa ist selig, daß sich überhaupt Leute um ihn kümmern. Deswegen wehrt er sich kaum, als meine Frau die ganze Kanne Schluck für Schluck in ihn hineinschüttet. Ich will meine Frau nicht enttäuschen, aber ich habe doch gewisse Zweifel, daß Lindenblütentee auch bei Blinddarmentzündung hilft.

Krank war Mustafa bisher noch nie: Erkältung, Grippe, Windpocken, Masern, Rheuma, Migräne und Magengeschwüre sind für ihn keine Krankheiten. Denn die kann er sich als illegaler Arbeiter nicht leisten. Falls er mal ein paar Tage nicht zur Arbeit erscheint, wird er sofort rausgeschmissen. Mustafa ist nie krank! Wenn sich sein Magengeschwür gerade wieder meldet, krümmt er sich zwar wie ein Wurm auf seinem Etagenbett, aber krank ist er dann natürlich nicht. Er hat nur ein bißchen schlechte Laune.

Als er mal wegen eines verfaulten Backenzahns nicht mehr essen konnte und sehr schlechte Laune hatte, gab ich ihm einen Krankenschein von mir und damit hat er sich den Zahn ziehen lassen. Zum Glück hat der Mensch mehrere Zähne, und so hat keiner gemerkt, daß der verfaulte Zahn nicht aus meinem Mund stammte. Nur leider hat der Mensch nicht mehr als einen Blinddarm und von dem meinen lebe ich bereits seit sechs Jahren getrennt. Wie soll ich der Krankenkasse erklären, daß ich mich zum zweiten Mal von meinem Blinddarm scheiden lassen will? So blind wie der Darm sind weder Ärzte noch die Versicherungen! Doch Mustafas Zustand läßt uns keine andere Wahl: „Komm, Mustafa, ich fahre dich ins Krankenhaus.“

Dort angekommen, brüllt uns der Arzt in der Notaufnahme mit hochrotem Kopf an. „Müßt ihr denn eigentlich immer so lange warten, bis ihr fast im Sterben liegt? Zwei Stunden später, und du wärst tot gewesen!“

Ich sage dem Arzt natürlich nicht, daß Mustafa diese Schmerzen bereits seit Monaten hat.

„Noch vor einer Stunde hatte er nichts. Wir feierten gerade zum hundertsten Mal die Erfindung des Baggammonsspiels, da bekam er von einer Sekunde auf die andere diese Schmerzen.“

An diesem Tag wurde mir rein theoretisch bereits mein zweiter und Mustafas einziger Blinddarm herausoperiert. Mir ging's gar nicht gut.

Als ich ein paar Tage später in die Praxis meines Hausarztes komme, sehe ich dort Dutzende von Fernseh- und Zeitungsleuten rumlaufen. Mein Arzt kommt mir im Flur entgegen und schreit mit stolz geschwellter Brust: „Das ist er! Mein Patient! Das Medizinwunder des Jahrhunderts! Der Mann mit zwei Blinddärmen. Er ist meine Entdeckung!" Die Kameras surren, die Blitzlichter blenden mich. Die Fernsehleute drücken mir zwei verfaulte Schweinedärme in die Hände und halten meine Arme nach oben. Der eine spritzt noch etwas Ketchup drauf, damit es runtertropft wie Blut. Sie halten mir ihre Mikrofone unter die Nase und fragen alle durcheinander.

„Herr Engin, Ihnen wurde zweimal der Blinddarm entfernt? Wie fühlen sie sich als einmaliges Exemplar?"

Ich wache auf um vier Uhr morgens. Es war nur ein Alptraum. Allah sei Dank. Aber einschlafen kann ich jetzt nicht mehr.

Gleich am nächsten Morgen gehe ich zusammen mit meiner Frau Mustafa besuchen. Am Eingang des Krankenhauses frage ich den Pförtner: „Entschuldigen Sie bitte, in welchem Zimmer liegt Osman Engin?"

„Männlich oder weiblich?" fragt er zurück.

„Bist du blind? Du siehst mich doch, sehe ich etwa wie eine Frau aus?" will ich rufen. Aber ich beherrsche mich, dem Weltfrieden zuliebe.

„Wenn die Ärzte ihm außer dem Blinddarm nichts anderes abgeschnitten haben, dann ist er zu großen Teilen männlich!" rufe ich durch die Luke.

„Zimmer 347, dritter Stock."

Als wir Mustafas Krankenzimmer betreten, ist die halbe Stadt dort versammelt; nur Ärzte sehe ich keine. Statt dessen quetschen sich da jede Menge Polizisten, Bürokraten, Staatsanwälte, Presseleute usw. Sein jahrelanges Verstecken hat Mustafa nichts genützt. Die blonde Langhaar-Perücke war auch umsonst. Jetzt ist er doch von der Ausländerpolizei erwischt worden.

Hilflos liegt er in seinem Bett, mit vielen Schläuchen an verschiedene Geräte angeschlossen. Jetzt sieht er aus wie ein bereits geschlachtetes Schaf.

„Nach dem Krankenhaus wollen die mich gleich abschieben." Ich frage einen Polizeibeamten, wieviel Zeit uns noch bleibt, etwas für unseren Landsmann zu tun! Er antwortet mit einem hämischen Grinsen im Gesicht: „Dem geben wir noch soviel Zeit, daß er sich noch seinen Blinddarm einpacken kann. Und dann geht's zurück in den Kongo!"

Großdeutscher Großmarkt

„Osman, wer ist die fremde Frau hier, die du mitgebracht hast?" fragt die zweitgrößte Nervensäge des Mittleren Orients neugierig.

„Die habe ich mir eben gekauft!"

„Was sagst du da? Man kann doch nicht einfach Menschen kaufen! Dazu noch eine Japanerin. Wo hast du die denn her?" fragt sie empört.

„Eminanim, das ist eine Thailänderin und keine Japanerin. Das sieht doch jeder. Deutschland ist halt ein Einkaufsparadies. Es gibt nichts, was man mit Geld in Deutschland nicht kaufen kann."

„Das stimmt nicht, gestern habe ich nicht mal Lauchzwiebeln bekommen."

„Lauchzwiebeln sind ja auch was ganz Seltenes. Aber gib mir genug Geld, und ich besorge dir gleich morgen noch zwei weitere asiatische Frauen, drei rumänische Säulinge, vier polnische Lebern, fünf tschechische Nieren, sechs Kilo kolumbianisches Kokain, sieben Tonnen amerikanisches Giftgas, acht russische Kalaschnikows, neun deutsche Minister, zehn italienische Killer und elf türkische Gemüsehändler!"

„Osman, die stehen doch an jeder Ecke, die türkischen Gemüsehändler!"

„Die anderen Sachen ja auch. Man braucht sich nicht mal an das Ladenschlußgesetz zu halten. Großdeutschland ist ein Großmarkt!"

„Und warum hast du dir, so gierig wie du bist, aus dem Großdeutschen Großmarkt nur diese eine Frau ausgesucht? Was hat sie, was ich nicht habe?"

„Für mehr hat mein Taschengeld eben nicht gereicht!" Ich hole den Frauenkatalog aus dem Versteck und werfe ihn auf den Tisch. „Für so wenig Geld war nichts Beseres zu haben. Ich hätte höchstens eine leasen können. Du kannst selber im Katalog nachschauen, das ist wie die Bibel. Die Versandskataloge sind die Bibeln der Neuzeit. Da lesen die Deutschen mehr drin."

„Osman, du meinst, die Frauen hier im Katalog kann man sich bestellen, so wie ein Stück Seife? So richtig als Ware?!"

„Eminanim, das ist doch nichts Neues. Im Orient hat man das früher auf jedem Marktplatz gemacht. Aber das war entwürdigend. Deswegen läuft das Ganze im modernen Deutschland natürlich auch etwas zivilisierter ab. Die Frauen stehen nicht mehr auf dem Marktplatz, sondern im Katalog. Man braucht nur anzukreuzen, welches Baujahr, Gewicht, Größe und Farbe sie haben soll. Tausende von Deutschen haben sich so ihre Frauen gekauft."

„Und ich soll jetzt mit dieser fremden Japanerin zusammenleben? Das kommt überhaupt nicht in die Tüte!"

„Ich praktiziere jetzt die gleiche Taktik wie italienische Fußball-Bosse", sage ich ganz cool. „Ich kaufe mehrere Profis für den gleichen Posten ein. Wer nicht rackert und spurt, wird auf die Tribüne verbannt. Die darf nur noch dabei zusehen."

„Was, du willst mich auf die Tribüne verbannen? Nach 30 Jahren Ehe, wo ich mein Leben für dich geopfert habe, damit du in Halle 4 als Schlosser Karriere machen kannst! Das ist der Dank dafür? Du Schuft! Außerdem stehen auf dem Schlafzimmerschrank doch die ganzen Koffer, da passe ich unmöglich drauf."

„Ich sagte bereits, wer nicht rackert und spurt, kommt auf die Tribüne. Es zählt ganz allein die Leistung. Persönliche Beziehungen spielen da keine Rolle. Ich bin schließlich kein deutscher Minister, ich meine, ich bin doch nicht bestechlich."

„Und was passiert jetzt mit der armen Frau hier? Bleibt die jetzt etwa für immer bei uns?"

„Der Händler hat gesagt, ich kann das Vorführmodell hier erst mal drei Wochen lang ausprobieren. Wenn ich dann damit nicht zufrieden bin, dann wird er es mir ohne Aufpreis gegen ein etwas neueres Baujahr umtauschen. Dadurch entstehen mir keine zusätzlichen Verwaltungskosten. Nicht mal die Überführung wird berechnet. Die Firma liefert freihaus!"

„Osman, solange diese Japanerin hier ist, wirst du mich nicht mehr sehen. Ich verzichte freiwillig auf den Posten! Tschau!"

„Frau Nummer 1, bleib hier! Du darfst nicht einfach weggehen. Ich lasse dich aus dem laufenden Vertrag nicht raus. Unsere Vorfahren kommen doch aus dem Fernen Osten. Erst vor ein paar Jahren sind die nach Kleinasien ausgewandert. Vielleicht ist Frau Nummer 2 deine thailändische Schwester. Ihr wurdet nur 29 Generationen voneinander getrennt."

„Gut, wenn sie meine Schwester ist, dann gehen wir zusammen auf die Tribüne. Meine kleine Schwester packst du nicht an. Ich ziehe mit der Japanerin zusammen auf den Kleiderschrank."

„Frau Nummer 1, lerne endlich: Frau Nummer 2 ist keine Japanerin!"

„Osman, bist du eigentlich bescheuert, wo soll denn die arme Frau hier wohnen?! Wir haben doch hier selber kaum Platz für uns."

„Sie bekommt das Kinderzimmer von Hatice."

„Und was passiert mit Hatice?"

„Die verkaufen wir meistbietend."

„Osman, bist du total von Sinnen? Was bist du eigentlich für ein Rabenvater!"

„Frau, die Zeiten sind nun mal so. Ich passe mich nur den harten Bedingungen der freien Marktwirtschaft an. Die ganze Welt macht das jetzt. Von einer Sache, die nur Verluste produziert, muß man sich schnell trennen. Oder willst du etwa behaupten, daß wir Hatice jemals gewinnbringend einsetzen konnten."

Zum Beweis meiner These von der Fehlkalkulation hockt sich in diesem Moment Hatice vor den Kühlschrank und verschlingt gleich mehrere Kuchen. Obwohl es um ihre Zukunft geht, scheint sie unsere weltbewegende Diskussion nur wenig zu interessieren.

„Bei allen unseren Kindern war es das gleiche", fahre ich fort. „Bei allen haben wir bisher nur rote Zahlen geschrieben. Die Bilanz war immer niederschmetternd. Wir konnten nicht mal die Anschaffungskosten abschreiben. Alles Minusobjekte ohne Wertzuwachs!"

„Osman, hast du heimlich nachts Betriebswirtschaft studiert? Wo hast du all diese unmenschlichen Manager-Ausdrücke gelernt?"

In dem Moment klingelt es an der Tür. „Ich hoffe, das sind die Brüder von der Japanerin, und diese Samurais machen Kleinholz aus dir", ruft meine Frau hoffnungsvoll vom Kleiderschrank herunter.

169

Zu ihrer Enttäuschung steht nur ein großer Lastwagen vor der Tür, daneben mehrere riesengroße Kisten und zwei Lkw-Fahrer aus der Ukraine.

„Herr Engin, hier ist die Ware, die Sie in unserer Filiale in Cottbus telefonisch bestellt haben", sagt einer der beiden Männer, und dann fahren sie auch schon wieder los. Die Augen meiner Frau Nummer 1 werden immer größer. Ungläubig starrt sie die riesigen Kisten auf dem Bürgersteig an.

„Ich habe was besorgt, um unseren nächsten Familienurlaub zu finanzieren", kläre ich sie auf. „Diese 15 Atombomben werden wir doch sicherlich überall auf der Welt einfach verkaufen können!"

Urlaub am Titisee

Mit unseren klitschnassen Hawaiihemden, den bunten ausgeleierten Shorts und unseren Plastiksandalen stürzen wir triefnaß in das Nobel-Restaurant hinein. Draußen am Titisee regnet es in Strömen. Ich mache unseren Dackel am Tischbein fest.

Meine Frau, ich und der Dackel schütteln uns, um den Regen loszuwerden. „Olé, olé, olé, olé, deutscher Meister SVW!" gröhlen wir drei so laut wir können.

„Mein Gott, ist das ein Dreckstall hier", brülle ich in die Runde. „Bei uns zu Hause ist alles viel sauberer", schreit meine Frau. Und der Dackel bellt zustimmend.

Ich schnippe mit dem Finger nach dem Ober. „Hey, Bimbo, komm mal her!" Als er anwieselt, verkünde ich: „Ich möchte vorab eine Suppe. Aber nicht zu kalt und nicht zu heiß. Aber auch nicht lauwarm. Und nicht zuviel, ich will anschließend noch etwas Vernünftiges essen. Aber auch nicht zu wenig, dafür bezahlen wir ja schließlich. Gerade soviel, daß dein Daumen nicht darin badet. Ich kenne euch Brüder hier im Schwarzwald, ihr steckt alle fünf Finger in die Suppe, wenn's keiner sieht."

„Für mich das gleiche", schreit meine Frau. „Genauso warm, genausoviel, ebensowenig Daumen!"

„Olé, Olé, olé, olé, deutscher Meister SVW!" gröhle ich nun zusammen mit dem Dackel.

„Osman, schau mal, da an der Tür steht, Hunde dürfen hier nicht rein", sagt meine Frau.

„Wer soll den Fraß hier denn sonst essen?" sage ich trocken und lache mich kaputt über meinen grandiosen Witz.

„Wo bleibt denn die verdammte Suppe?" schreit die zweitgrößte Nervensäge des Mittleren Orients mit einer so nervigen Stimme als wäre sie die erstgrößte.

„Ist der Koch in den Bottich gefallen, oder was?!" rufe ich. „Nie bringen sie das Essen rechtzeitig, entweder zu schnell oder zu spät. Bei uns zu Hause wäre das nie passiert."

„Leute, wir haben doch nur drei Wochen Urlaub. Die wollte ich nicht in eurem Restaurant verbringen", brülle ich in Richtung Küche.

Nach einer Weile ist es endlich soweit. „Was ist das denn für eine Suppe", kreische ich. „Sieht aus wie Nudeln, schmeckt aber nach Fisch."

Meine Frau ist noch gemeiner, sie mosert: „Das sieht aus wie Wassersuppe, aber schmeckt nach nichts!"

„Dazu piekst das Zeug noch im Hals, wollen die mich umbringen?!" Nach dem zweiten Löffel spucke ich die Suppe auf den Boden. „Was ist das für ein Zeug, das nach Nudeln oder Wassersuppe aussieht, aber nach Fisch oder nach gar nichts schmeckt? Dazu piekst es im Hals. Unverschämtheit, so ein Zeug esse ich nicht!"

„Wir sind doch nicht für so einen ekelhaften Fraß extra ins Restaurant gegangen", ruft meine Frau, während sie ebenfalls in die Ecke spuckt.

„Richtig", sage ich, „so einen Fraß bringst du ja täglich zustande."

Ich schnippe noch mal mit dem Finger. „Hey, Bimbo, bring noch mal die Speisekarte. Wir wollen Selbstmord begehen. Und die sollen sich mal ein bißchen sputen, schließlich haben wir harte D-Mark in der Tasche."

Meine Frau schüttelt den Kopf: „Osman, diese Sprüche läßt du jedesmal ab, wenn wir in Urlaub fahren. Egal ob wir auf Mallorca, Gran Canaria oder in der Türkei sind. Aber hier im Schwarzwald kennen sie schon die D-Mark. Die haben sogar schon mal einen 100-Mark-Schein gesehen."

„Frau, es wäre nicht schlecht, wenn du etwas weniger essen würdest. Du bist auch so schon fett genug."

„Osman, ich tue doch schon lange etwas dagegen. Ich ziehe meine Apfeldiät konsequent durch."

„Wie funktioniert die denn?"

„Nach jeder Mahlzeit esse ich einen Apfel. Seltsamerweise nehme ich trotzdem nicht ab."

„Frau, was hälst du davon, wenn du anstelle der Riesenportionen, die du sonst verdrückst, nur den Apfel ißt? Und nicht erst den Magen vollhauen und dann den Apfel dazu."

Dann rufe ich dem Kellner zu: „Bimbo, ich möchte einen Frisör haben."

„Wie bitte, Sie möchten einen Frisör? Zum Essen? Das geht nicht. Mein Herr, darf ich Sie daran erinnern, daß das hier ein Restaurant ist und kein Frisörsalon."

„Wo soll ich mir den sonst die Haare schneiden lassen, wenn nicht im Restaurant", donnere ich. „Ich habe keine Lust, soviel Zeit zu verschwenden. Während ich hier stundenlang auf mein Essen warte, kann ich mir auch die Haare schneiden lassen. Ich will in diesem Urlaub noch was sehen für mein Geld. Bleib mal genauso stehen, Bimbo. Dich fotografiere ich jetzt. Halt das Tablett mal etwas höher, und lächeln! Lächeln hab ich gesagt, du Trottel!"

„Wir haben uns die teuere Neckermann-Reise durch den Schwarzwald doch nicht deswegen geleistet, um hier im Restaurant zu verhungern", ereifert sich meine Frau, zugegeben etwas arrogant.

Nach dem Essen rufe ich den Kellner: „Hey, Bimbo, pack mal die Reste ein für unseren Dackel. Er soll an dem gleichen Fraß sterben wie wir. Wer kümmert sich denn um ihn, wenn wir nicht mehr da sind! Und dann bring' uns noch die Rechnung!"

„65 Mark, mein Herr."

„Hier hast du 50, das reicht!"

„Tut mir leid mein Herr, wir haben feste Preise!"

„Erzähl nicht so einen Blödsinn. Ich sagte doch, ich kenne euch Diebe! Ihr wollt uns doch nur ausrauben!"

In diesem Moment fängt meine Frau an, den Countdown zu zählen. „Fünf, vier, drei, zwei, eins, null, Feuer! Jetzt Osman, jetzt Osman, jetzt gib's ihm!"

Blitzschnell drücke ich dem Kellner mit stolzgeschwellter Brust ein funkelnagelneues Fünfzig-Pfennig-Stück in die Hand und rufe laut: „Kauf dir mal was Schönes davon, Kleiner!" Sie hat genau den Augenblick abgepaßt, als uns im Restaurant am meisten Leute anschauen wegen des dicken Trinkgeldes.

Wenig später liegen wir mit unseren Hawaiihemden, buten Shorts, samt unserem Dackel draußen in einer Wasserpfütze, die größer ist als der Titisee.

„Was ist los Osman? Die Unmenschen haben uns hochkantig aus dem Lokal rausgeschmissen. Haben wir was falsch gemacht? Haben wir uns etwa daneben benommen? Osman, die haben uns rausgeworfen, anstatt uns zu bewundern!" jammert meine Frau, während sie sich aus dem Schlamm herauswühlt.

„Ich weiß auch nicht", sage ich verzweifelt. „Vielleicht haben wir den Ort und die Zeit falsch gewählt. Aber ansonsten haben wir doch den 'häßlichen Deutschen im Ausland' haargenau imitiert!"

Mein Pflegesohn

„Osman, daß du mir nur wegen des Geldes noch so ein Balg untergejubelt hast, bei Allah, das werde ich dir nie verzeihen", zischt meine Frau stinkwütend, während wir die Treppen hinaufsteigen. Wir haben vom Jugendamt die Mitteilung bekommen, daß wir unseren Pflegesohn heute in Empfang nehmen dürfen. Dabei hatte ich doch erst vor sechs Wochen einen Antrag gestellt, um ein Heimkind in Pflege zu nehmen. Als die Frau vom Jugendamt bei uns zu Besuch war, haben alle Familienmitglieder ihr großes schauspielerisches Talent unter Beweis gestellt.

„Aber Frau, so ein Pflegekind hat doch wirklich nur Vorteile", sage ich freudig erregt zu Eminanim. „Erstens das Pflegegeld vom Jugendamt, das sind jeden Monat fast zweitausend Mark, zweitens hat das Kind in seinem Alter schon die schlimmsten Kinderkrankheiten hinter sich. Abgesehen davon brauchst du den Jungen nicht neun Monate lang durch die Gegend zu schleppen. Die Geburtswehen wurden dir völlig erspart, und ich mußte mir auch keine unnötigen Anstrengungen aufhalsen."

„Ach, du meinst dein Zwei-Minuten-Gezappel?!"

Ich versuche schnell das Thema zu wechseln und sage: „Ich habe gehört, deutsche Heimkinder sind sehr gut erzogen und sehr respektvoll, die lieben ihre Pflegeeltern. Denn sie freuen sich, daß sie endlich in geregelte Verhältnisse kommen. Und daß der Junge was Vernünftiges wird, das liegt doch auf der Hand, schließlich ist er nicht mit dir verwandt. Frau, du mußt das positiv sehen, wir müssen Allah und Jugendamt danken, daß wir einen männlichen Sohn bekommen und keine weibliche Tochter. Hoffentlich ist das Kind schon beschnitten, dann können wir uns die Beschneidungskosten ersparen. Und wenn nicht, dann laß ich mir Zeit. Vielleicht fällt ja bei dem alles von selber ab."

„Osman, die korrekten deutschen Behörden sind auch nicht mehr das, was sie früher mal waren. Wie können die behaupten, daß wir ein intaktes Familienleben haben. Das ist eine Unverschämtheit. Bei Allah, was für einen Maßstab haben die eigentlich?!"

„Also Frau, das ist alles relativ. Verglichen mit einer Säuferfamilie oder dem englischen Königshaus leben wir doch in Frieden und Harmonie."

„Aber wirklich nur verglichen mit so asozialem Pack!" betont die zweitgrößte Nervensäge des Mittleren Orients ausdrücklich.

„Frau, wenn du jetzt hier im Flur vom Jugendamt noch einen Streit anfängst, dann kriegen wir das Pflegegeld … ich meine, das liebe Pflegekind nie!"

„Ist in Ordnung. Aber nur, wenn ich die Hälfte von der Beute abbekomme."

„Ach Frau, wie bist du doch nur verdorben! Wie kannst du denn in solch einer bewegenden Situation ans Geld denken? Daß du in deinem Alter noch mal einen Sohn bekommst, sollte dir Lohn genug sein!"

Der Beamte empfängt uns ganz freundlich. „Herr Engin, ich danke Ihnen und Ihrer Frau, daß Sie sich bereit erklärt haben, dieses schwererziehbare Kind in Pflege zu nehmen."

„Es ist mir eine Ehre, dem deutschen Volk diesen Dienst zu erweisen. Abgesehen davon kann ein Türke gar nicht genug Söhne haben!"

„Herr Engin, Sie wissen, daß in Ihrer Familie dem Kind der Aufbau konstanter emotionaler Beziehungen und Bindungen sowie die Chance einer positiven Sozialisation ermöglicht werden soll."

„Osman, sag ihm, daß solche Schweinereien bei uns nicht in Frage kommen!" sagt meine Frau auf türkisch.

„Frau, reg dich nicht auf! Er meint doch nur, daß die Geschichte mit den zweitausend Mark in Ordnung geht." Ich stehe auf und küsse meine Frau liebevoll auf beide Wangen.

„Osman, was soll das, geht's dir nicht gut?" fragt sie verwirrt.

„Der Beamte soll glauben, wir seien eine glückliche Familie", flüstere ich ihr leise ins Ohr.

„Osman, wann hast du mich eigentlich das letzte Mal geküßt?"

„Frau, kein Mensch kann sich mehr als zehn Jahre zurückerinnern!"

„Herr Engin, was waren die Gründe für Sie, solch ein Kind in Pflege zu nehmen?" fragt der Beamte.

Meine Frau platzt heraus: „Das Geld…"

„Das Geld war es sicherlich nicht", vollende ich den Satz und trete meiner Frau gegen das Schienbein. „Ich würde sagen, die weltpolitische Gesamtsituation hat die größte Rolle gespielt. Das Kindersterben in Afrika, das schlechte Abschneiden der deutschen Exportwirtschaft und der Tabellenplatz von Werder Bremen haben mich dazu bewegt…"

„Osman, er hat wegen des Kindes gefragt, und nicht warum du seit Jahren die Steuern hinterziehst."

Ich stehe wieder auf und küsse nochmals meine Frau. Mein Soll, was Streicheleinheiten betrifft, habe ich für die nächsten zehn Jahr bereits übererfüllt. Daß manche sowas täglich brauchen, halte ich für blanken Unsinn.

„Frau, wir können nicht genug demonstrieren, was für eine intakte glückliche Familie wir sind, um ein Pflegekind richtig zu erziehen."

„Osman, deine Idee, als Musterprobe für unsere gute Erziehung die Nachbarskinder vorzuführen, fand ich raffiniert."

„Eminanim, das mußte ich tun. Wenn die Frau vom Jugendamt unsere Hatice gesehen hätte, dann hätte die uns sogar das Sorgerecht für unsere eigenen Kinder entzogen." Als Zugabe knutsche ich im Vorbeigehen den Beamten auch noch mit ab.

„Wir sind eine sehr glückliche und liebevolle Familie. Alle zehn Minuten küssen wir uns gegenseitig", erkläre ich dem verwirrten Beamten die Situation. „Wenn keine Familienmitglieder da sind, dann müssen andere Leute dran glauben. Und wenn keine anderen Leute da sind, dann küsse ich eben die Heizung."

„Pervers ist er auch noch", knurrt meine Frau. „Und die arme Heizung kann sich nicht mal wehren."

In diesem Moment wird unser Pflegekind in Handschellen ins Büro gebracht. „Mein Sohn, mein Sohn, da bist du ja endlich! Allah sei Dank für seine unendliche Güte", schreie ich mit offenen Armen und so herzzerreißend, als hätte ich meinen einzigen, totgeglaubten Sohn nach 40 Jahren Trennung endlich wiedergesehen.

Bei soviel Gefühlsduselei kann auch der Beamte seine Tränen nicht mehr unterdrücken. Ich springe auf und küsse meinem langersehnten Pflegesohn demonstrativ mit viel Gefühl auf die glänzende Glatze.

„Vater! Mutter! Ich liebe euch beide! Ich freue mich so riesig, daß ich bei Türken unterkomme, wo das Familienleben noch so große Bedeutung hat", würde er rufen, hoffe ich und nehme ihm die Handschellen ab.

Aber nach einem langen Überraschungsmoment hebt mein Pflegesohn den rechten Arm und fängt an zu brüllen:

„Deutschland den Deutschen! Türken raus aus Jugendamt!"

Mit Schrecken stellen wir fest, daß wir einen dieser modernen Jugendlichen als Pflegesohn abgekriegt haben, die sich die Haare ganz kurz schneiden und mit Springerstiefeln und Bomberjacke rumlaufen.

Der Beamte schreit wütend: „GTI-Thomas, du weißt genau, was der Richter gesagt hat. Entweder ein Jahr bei Herrn Engin oder zehn Jahre Knast!"

Meine Frau flüstert: „Oh, der arme Junge, er tut mir ja so leid! Vor so eine schreckliche Wahl möchte ich auch nicht noch mal gestellt werden!"

GTI-Thomas

Wir haben einen Medienstar bei uns zu Hause. Meine Kinder sind begeistert, als sie das Kind sehen, das das Jugendamt bei uns eingeliefert hat. Sie sind so aufgeregt, weil wir einen dieser berühmten Jugendlichen als Pflegekind abbekommen haben, die man jetzt tagtäglich im Fernsehen bewundern kann. Die einzige Auflage, die uns das Jugendamt gemacht hat, ist, daß der Junge bei Rückgabe in einem Jahr noch etwas lebendig sein muß.

Nach einer Weile hören wir aber unsere kleine Hatice im Flur weinen. „Weil er doch jetzt mein älterer Bruder ist, wollte ich ihm bloß die Hände küssen, aber er hat mich geschlagen", jammert sie.

Jetzt sage noch einer, daß meine Tochter schlecht erzogen sei. „Und nur deswegen hat er dich geschlagen, mein armes Kind?"

„Als er seine Hand nicht küssen ließ, habe ich zugebissen", sagt sie mit vollem Mund.

„Ausländer raus!" brüllt mein Pflegesohn und hält sich den geschwollenen Daumen. „Ich bin stolz, ein Deutscher zu sein!"

AUTOGENES TRAINING FÜR SKINHEADS

„In Ordnung ‚GTI-Thomas', aber warum bist du stolz darauf?" frage ich meinen haarlosen Pflegesohn.

„Deutsches Mann stark, deutsches Mann tapfer", sagt er. „Und was noch?" Er überlegt … er überlegt… Das scheint eine der schwierigsten Fragen zu sein, die man ihm bisher gestellt hat.

Dann sagt er stolz: „Deutsches Mann stark, deutsches Mann tapfer!"

„Ja, ja, das habe ich schon verstanden. Und was sonst noch?" Er überlegt … er überlegt … er überlegt…

Ich lasse ihn in Ruhe nachdenken, nehme meine Tasche und gehe zur Arbeit. Die acht Stunden wird er wohl auch zum Überlegen brauchen.

„Daß du eins von denen als Pflegekind genommen hast, finde ich gut", sagt mein Arbeitskollege Hans Koslowski, dieser Wirtschaftsflüchtling aus Sachsen-Anhalt.

„Osman, du mußt ja auch etwas gegen diese Rechten tun! Denn wenn die Brüder wieder an die Macht kommen, dann gnade euch Gott!"

„Das sehe ich ganz anders", antworte ich ihm. „Ihr Eingeborenen müßtet viel eher etwas dagegen tun. Denn zur Not haben wir eine Ersatzheimat zur Verfügung, wo wir hinflüchten könnten. Aber ihr müßt mit denen hier zusammenleben."

Als ich von der Arbeit nach Hause komme, höre ich meinen Pflegesohn von weitem schreien: „Ausländer raus, Deutschland den Deutschen!"

„Also GTI-Thomas, wenn du heute noch so einen dummen Spruch abläßt, dann lege ich gleich das Datum für deine Beschneidung fest. Dann bist du ein GTI ohne Auspuff!" Auf einmal ist er mucksmäuschenstill!

„Papa, warum heißt denn mein neuer Bruder GTI-Thomas?" fragt Hatice.

„Weil unser Pflegesohn nach festen Prinzipien lebt. Alle anderen Autos schaut er nicht mal von der Seite an, er knackt nur GTI's."

Am nächsten Tag schenke ich allen meinen leiblichen Kindern amerikanische Sportgeräte: Baseballschläger. Als fürsorglicher Familienvater muß man frühzeitig dafür sorgen, daß die Kinder sich für einen Sport interessieren, der der Gesundheit förderlich ist.

Am Abend bekommen wir Besuch von meinem ältesten Sohn Recep und meiner Schwiegertochter Helga. Ein großes, pummeliges Mädchen mit einem langen grünen Kleid und einem geblümten Kopftuch serviert uns den Tee.

„Vati, wer ist das denn?" fragt Recep mit lüsternen Augen.

„Keine Ahnung, wahrscheinlich eine von unseren Nachbarstöchtern", sage ich.

„Osman, die mit dem hübschen Kopftuch ist unser Pflegesohn Thomas", flüstert meine Frau mir ins Ohr. „Ich mußte ihn so verkleiden, damit Recep nicht herausbekommt, wen wir ins Haus geholt haben. Du weißt, wie böse Recep auf diese Glatzen reagiert!"

Der arme GTI, ich kann ihn kaum erkennen. Er ist völlig neu verkleidet und tiefergelegt worden. Den Frontspoiler finde ich allerdings etwas übertrieben.

„Was sollten wir sonst machen", sagt meine Frau, „wir hatten nur zwei Wassermelonen Zuhause."

Um die beiden Frontspoiler nicht zu verlieren, läuft unser GTI jetzt ganz ruhig, so als hätte er auch neue Stoßdämpfer bekommen.

„Danke für den Tee, meine Kleine, ich hoffe du kriegst einen guten Türken als Ehemann ab", sagt Recep und kneift GTI dabei in den Heckspoiler.

„Bestimmt", rufe ich dem „hübschen Mädchen" hinterher, „mit diesem Prachtarsch ist sie mindestens zwei Zie-
gen, drei Kamele und vier Winterreifen wert", und folge
seiner Bremsspur in die Küche.

„Ich hasse euch, ich hasse Kopftücher, ich hasse Wassermelonen, ich hasse grüne Kleider, und mein Mieder
bringt mich um. Und am meisten hasse ich diesen türkischen Po-Kneifer! Ausländer raus!!"

„GTI, denk daran, wenn die uns in die Türkei zurück-
schicken, dann mußt du auch mitkommen", sage ich
ihm ganz ruhig. „Du weißt noch ganz genau, was der
Richter gesagt hat: Entweder ein Jahr bei Herrn Engin
oder zehn Jahre Knast."

Sieben Minuten später wird er plötzlich ganz blaß im
Gesicht. Solange dauert's nun mal, bis er einen ganzen Satz
vollständig kapiert hat. Mir wird plötzlich bewußt, daß ich,
ohne es zu wollen, eine sichere Methode gefunden habe,
um diesen braunen Sumpf trockenzulegen: Alle ausländischen Familien müssen so einen in Pflege nehmen.

Meine Frau schüttelt den Kopf: „Keine Chance, Osman,
das klappt nicht! Welcher Idiot nimmt denn schon als
Pflegekind Schönhuber auf?!"

Am nächsten Tag sehe ich, daß unsere fünfjährige Hatice versucht, dem 15jährigen Skinhead-Thomas Lesen
und Schreiben beizubringen. „Der arme Junge will auch
endlich wie alle anderen ‚Ausländer raus' an die Häu-
serwände schreiben können", sagt sie und haut GTI-
Thomas mit dem Baseballschläger auf den Hinterkopf.
„Das ist kein A, sondern ein U, du Idiot!"

„Aber Hatice, mein Kind! Der Baseballschläger war
doch nur für Verteidigungszwecke bestimmt!"

„Für humanitäre Zwecke werde ich ihn doch wohl laut
UNO-Beschluß vom 16. 3. 81 in Anspruch nehmen

dürfen", sagt sie und haut dem Jungen noch eins drauf.

„Frau, bist du sicher, daß dieses vorlaute Ding wirklich nur zum Kindergarten geht?!"

Meiner Frau hat das Pflegekind eigentlich nur Vorteile gebracht. Sie sagt, sie braucht im Supermarkt nie mehr in der Schlange zu stehen. Denn wenn Thomas und seine Kumpels ihr den Einkaufswagen schieben, wird sie von den anderen Hausfrauen und Omas immer vorgelassen.

Bereits nach wenigen Tagen muß ich erkennen, daß mein Pflegesohn immer mehr unter mangelndem Selbstwertgefühl leidet. Er wird von Tag zu Tag depressiver. Als fürsorglicher Familienvater und erfahrener Pädagoge entwickle ich eine Therapiemethode, um sein Selbstbewußtsein wieder aufzubauen. Wir organisieren täglich mit unserem Ford-Transit Familienausflüge. Gemeinsam mit unserem Pflegesohn und den Baseballschlägern suchen wir jeden Abend ein anderes Ziel auf, damit er mit seinen Kumpels konkurrieren kann.

„Hatice, schau mal auf den Plan, wen wir für heute auf der Liste haben?" ruft mein Pflegesohn selbstbewußt vom Beifahrersitz nach hinten.

Hatice guckt mit ernster Miene auf ihre Liste: „Also Thomas, am Montag haben wir Behinderte verprügelt, am Dienstag war das Altersheim dran; am Mittwoch haben wir die Synagoge überfallen, am Donnerstag drei Schwule plattgehauen. Und heute hast du wieder drei Ziele zur freien Auswahl: das Asylantenheim, das Frauen-Café oder die Blindenanstalt."

Hans-Dieter Schütt

Land in Sicht!
Aber muß es Deutschland sein?

Geschichten von Herrn Kosemund

160 Seiten · mit 25 Collagen von Andreas Prüstel
cell. Pappband · 19,80 DM
ISBN 3-320-01846-9

Geschichten von Herrn Kosemund – das sind Notizen über Wandel und zugleich Beharrungskraft deutscher Verhältnisse. Ihr Anlaß sind kuriose Einfälle, aber auch reale politische Ereignisse und Personen. Diesen Geschichten entgeht nicht, was an DDR-Eigenheiten mehr und mehr aus dem neuen Alltag entschwindet – aber auch nicht, was die freibeuterische Marktwirtschaft an Zerstörung und wilder Konkurrenz mit sich bringt. Und: Immer wieder verweist dieser störrische Kosemund in seinen Anekdoten, Sinnsprüchen und Kommentaren auf die wohl unveränderliche Eigenschaft der Menschen (System hin oder her!), sich letztendlich der Macht zu unterwerfen: per Anpassung oder Karrieredenken.

Dietz Verlag Berlin
Weydingerstraße 14–16
10178 Berlin

Renate Holland-Moritz

Ossis, rettet die Bundesrepublik!

3. Auflage · 158 Seiten
mit 27 Illustrationen von Manfred Bofinger
cell. Pappband · 16,80 DM
ISBN 3-320-01827-2

RHM ist nach eigenem Bekunden eine notorische Klatschtante. Sie beobachtet und belauscht Menschen, speichert, was sie an ihnen originell oder entlarvend findet, gießt es durch das Raster der Satire beziehungsweise des Humors und bringt das Ergebnis zu Papier sowie anschließend zum Vortrag. Man könnte sie also als informelle Mitarbeiterin (IM) ihrer zahlreichen Leser und Zuhörer bezeichnen.

RHM fand zu DDR-Zeiten die Erfahrung ihres Lieblingsklassikers Kurt Tucholsky bestätigt, daß es schwer sei, keine Satire zu schreiben. Obwohl es ihr beileibe nicht immer leichtgemacht wurde. Heutzutage keine Satire zu schreiben, hält sie für unmöglich.

Dietz Verlag Berlin
Weydingerstraße 14–16
10178 Berlin

Ottokar Domma

Ottokar, die Spottdrossel

2. Auflage · 156 Seiten
mit 27 Illustrationen von Manfred Bofinger
cell. Pappband · 16,80 DM
ISBN 3-320-01824-8

Der wiederauferstandene Lausbub Ottokar kommt in einem Alphabet von A wie Affe bis Z wie Ziege wieder zu Wort. Seine Vergleiche zwischen Tier und Mensch, diesmal aus der Sicht eines „gereiften" Gymnasiasten, sind ebenso komisch wie nachdenklich.

Man erfährt, warum Polizisten Bullen genannt werden, Staatsoberhäupter sich als Dinosaurier bekennen, zierliche Japanerinnen stolz auf den Titel Gans sind, Schwaben die meisten Flöhe haben, ein Diktator als Hund geehrt wurde, der Papst die Igelväter lobt, Ratten ein ganzes Staatsschiff zum Sinken bringen, die Schickeria die dümmsten Zicken übertrifft und noch mehr Seltsamkeiten. Eine neue Ottokarsche Kampflosung bietet sich an: „Vom Chamäleon lernen, heißt siegen lernen!"

Dietz Verlag Berlin
Weydingerstraße 14–16
10178 Berlin

**Die große Stadtillustrierte des Nordens
– aber leider immer mit der neuen
Osman Engin-Satire.**